Märcheninterpretation
zu

»Grimm's Bärenhäuter«

Es ist mir ein Anliegen, altes Kulturgut lebendig zu erhalten und die Leselust anzuregen.

Alice Dassel

Märcheninterpretation

zu

»Grimm's Bärenhäuter«

Umschlagbild: Die Umschlaggestaltung erfolgte unter Einbeziehung der Illustration von Ubbelohde. Otto Ubbelohde, geb. am 5.1.1867 in Marburg an der Märchenstraße, illustrierte die Grimm'schen Märchen. Er starb am 8.5.1922 bei Marburg.

Bibliografische Information Der Deutschen Bibliothek:
Die Deutsche Bibliothek verzeichnet diese Publikation in der Deutschen Nationalbibliografie; detaillierte bibliografische Daten sind im Internet über http://dnb.ddb.de abrufbar.

Herstellung und Verlag: Books on Demand GmbH, Norderstedt
Printed in Germany

ISBN 3-8334-0718-2

Inhaltsverzeichnis

Vorwort

Die vielen Kriegsschauplätze auf dieser Erde, die nicht etwa weniger geworden sind, obwohl wir, wie wir meinen, aufgeklärter und toleranter geworden sind, haben mich dazu veranlasst, ein Märchen aufzugreifen, das als Hauptfigur einen Soldaten hat. Je mehr Staaten es mit einer demokratischen Staatsform gibt und die allgemeine Schulpflicht zu mehr Bildung und Ausbildung verhilft, desto friedlicher müssten die Nationen koexistieren können. Denn der Gebrauch von Vernunft und Einsichtsfähigkeit müsste die Menschen in die Lage versetzen, mit ihren Aggressionen beherrscht umzugehen. Der Frieden in der Welt ist jedoch sehr gefährdet und keineswegs selbstverständlich. Wenn wir in diesem Land das Glück haben, fast 60 Jahre in Frieden leben zu können, so ist es – historisch betrachtet – eher eine Ausnahme. Der Frieden muss stets neu erarbeitet werden, und zwar von jedem Einzelnen. Er kann nicht einfach von einer Generation auf die nächste »vererbt« werden, sondern muss im menschlichen Bewusstsein einen ganz wichtigen Stellenwert haben. Können wir Frieden lernen?

Zu einem gewissen Grad sicherlich, aber der Mensch als Einzelner kann in erster Linie nur auf sich selber wirken. Wenn Krieg über ein ganzes Volk von der Politik »verhängt« wird, hat der Einzelne keine Chance, sich dagegen zu wehren. Der Krieg steht hier als Sammelbegriff für alle Formen von Hass, Gewalt, Brutalität, Destruktivität, menschlichem Leiden und Zerstörung. Aber solange in einem Staat Frieden herrscht, kann der Einzelne mit dazu beitragen, bei sich damit anzufangen, die eigenen überbordenden Emotionen im Griff zu behalten, seine Aggressionen zu mäßigen und sein gesamtes negatives Potenzial im Zaum zu behalten. Das bedeutet, man muss sich in Selbstbeherrschung üben. Das setzt jedoch voraus, dass man seine Schwachstellen kennt und weiß, was einen »auf die Palme bringt«, was einen ärgert, provoziert, zur Weißglut treibt etc. Wenn der Einzelne seine inneren Abgründe gar nicht kennt oder sich dieser nicht bewusst ist, kann er sie wohl auch nicht bezähmen. Diesen mühseligen Lernprozess muss auch der Märchenheld durchmachen, bis er nach Beendigung der Bärenhäuter-Phase am Ende des Märchens zu einem friedvollen Repräsentanten der Menschen geworden ist.

Jeder Mensch wird im Lauf seines Lebens mit fremden Aggressionen konfrontiert. Viele lernen bereits in der eigenen Familie Übergriffe vom Vater, der Mutter, den Geschwistern – oder anderen Verwandten und Bekannten – kennen. Je heftiger und prägender solche Erfahrung ist, desto tiefer sitzt sie und desto stärker bestimmt sie die eigenen Emotionen und negativen Motivationen.

Wenn jemand bereits als Kind viel Schläge, Züchtigungen oder gar ungerechtfertigte Gewalt erfahren hat, ist er sehr gefährdet, im Verlauf seines Lebens solche erfahrenen Übergriffe und Aggressionen an andere Menschen weiterzugeben. Gewalt erzeugt leider sehr häufig wiederum Gewalt. Das ist ein teuflischer Prozess. Durch Gewaltanwendung verletzte und gedemütigte Gefühle stauen sich auf und suchen dann nach einer Entladung. Wenn sich diese gestauten Aggressionen nicht nach außen wenden können, geschieht es häufig, dass sie sich gegen die eigene Person richten und zu selbstzerstörerischen Verhaltensweisen führen. Manche schwere Depression ist auf einen solchen emotionalen Stau zurückzuführen. Auch ein Nervenzusammenbruch wäre denkbar. Es kann natürlich auch vorkommen, dass jahrelang solche zurückgehaltenen, starken Emotionen zu körperlichen Schädigungen – oder im psychischen Bereich – zu tiefer Verbitterung, Destruktivität, Menschenverachtung, Zynismus, Sarkasmus, Masochismus oder Sadismus führen. Alle diese Ausprägungen sind für den Betreffenden sehr negativ, weil er sich selber, aber auch im Umgang mit anderen, dadurch Schaden zufügt. Im Märchen repräsentieren alle diese negativen Emotionen und Verhaltensweisen das Böse schlechthin, deshalb tritt auch der Teufel als Figur in Erscheinung. Er steht als Symbol für die inneren Abgründe des Menschen, mit denen sich jeder Einzelne auseinandersetzen muss, wenn er zu seinem eigenen Wesenskern gelangen will.

Dazu muss er seine negativen Emotionen und Gedanken analysieren, sie sich bewusst machen und daran arbeiten, Mittel und Wege zu finden, die eigenen Aggressionen in günstigere Bahnen zu lenken. Manchmal helfen sportliche Betätigungen, vielleicht sogar Kampfsportarten, oder ein sonstiges körperliches Ausagieren, bis der innere Überdruck nachgelassen hat. Für manch einen ist eine Psychotherapie oder Gruppentherapie hilfreich.

Jeder muss für sich selbst herausfinden, eventuell mit ärztlicher oder therapeutischer Hilfe, wie er seine Aggressionen für wertvolle Arbeit verwenden kann.

Im Märchen übernimmt der Märchenheld stellvertretend für uns Menschen die Aufgabe, durch den Pakt mit dem Teufel sich notgedrungen mit den verdrängten, destruktiven Persönlichkeitsanteilen zu beschäftigen. In einer siebenjährigen Phase des Leidens beginnt ein Bewusstwerdungsprozess, in der er sich mit seinen inneren Abgründen befasst, sie aus der Blockade befreit und in konstruktives Handeln umwandelt. Dadurch wird seine Seele frei.

In diesem Märchen erfahren wir vor allem, wie wir mit unseren eigenen negativen Seiten, also dem »Teufel« in uns, fertig werden können. Der Reifungs- und Individuationsprozess kann nur über diesen Weg gelingen.

Zur Entstehungsgeschichte

Schon in den gesammelten Schriften des Hans Jakob Christoffel von Grimmelshausen von 1670 taucht die Erzählung mit dem Titel »Der erste Beernhaeuter« auf. Der Autor war vom Dreißigjährigen Krieg geprägt (1618–1648), in dem das Soldatentum eine große Rolle spielte.

Erstaunlich ist es, dass Grimmelshausens literarischer Einfluss nicht nur zu seinen Lebzeiten groß war, sondern sogar die beiden Dichter der Romantik, Clemens von Brentano und Achim von Arnim, dazu veranlasst hat, den Stoff der Bärenhäuter-Erzählung 1808 bzw. 1812 aufzugreifen und das Thema zu bearbeiten (wieder eine Kriegszeit / Napoleon). 1815 steuert die Familie Hassenpflug aus dem Paderbörnischen für die Sammlung der Brüder Grimm die Erzählung »Der Teufel Grünrock« bei. Allerdings erlangt 1843 das Bärenhäutermotiv mehr Bedeutung und bestimmt schließlich die Titelführung. So erscheint das Märchen in dieser zweiten Fassung in den Kinder- und Hausmärchen von Jacob und Wilhelm Grimm. Die Letzte-Hand-Fassung, wie sie uns heute vorliegt, erschien 1857 in seiner 5. Auflage bei Dieterich in Göttingen.

Walter Scherf »Das Märchen Lexikon« Bd. 1, D. H. Beck Verlag, München 1995.

Der Bärenhäuter

*Es war einmal ein junger Kerl, der ließ sich als Soldat anwerben,
hielt sich tapfer und war immer der vorderste, wenn es blaue
Bohnen regnete. Solange der Krieg dauerte, ging alles gut, aber
als Friede geschlossen war, erhielt er seinen Abschied und der*

5 *Hauptmann sagte, er könnte gehen, wohin er wollte. Seine Eltern
waren tot, und er hatte keine Heimat mehr, da ging er zu seinen
Brüdern und bat, sie möchten ihm so lange Unterhalt geben, bis
der Krieg wieder anfing. Die Brüder aber waren hartherzig und
sagten: »Was sollen wir mit dir? Wir können dich*

10 *nicht brauchen; sieh zu, wie du dich durchschlägst.« Der Soldat
hatte nichts übrig als sein Gewehr, das nahm er auf die Schulter
und wollte in die Welt gehen. Er kam auf eine große Heide, auf
der nichts zu sehen war als ein Ring von Bäumen: darunter setzte er sich ganz traurig nieder und sann über sein Schicksal*

15 *nach. »Ich habe kein Geld«, dachte er, »ich habe nichts gelernt
als das Kriegshandwerk, und jetzt, weil Friede geschlossen ist,
brauchen sie mich nicht mehr; ich sehe voraus, ich muß verhungern.« Auf einmal hörte er ein Brausen, und wie er sich umblickte, stand ein unbekannter Mann vor ihm, der einen grünen*

20 *Rock trug, recht stattlich aussah, aber einen garstigen Pferdefuß
hatte. »Ich weiß schon, was dir fehlt«, sagte der Mann, »Geld
und Gut sollst du haben, soviel du mit aller Gewalt durchbringen
kannst, aber ich muß zuvor wissen, ob du dich nicht fürchtest,
damit ich mein Geld nicht umsonst ausgebe.«*

25 *»Ein Soldat und Furcht, wie paßt das zusammen?« »Wohlan«,
antwortete der Mann, »schau hinter dich.« Der Soldat kehrte sich
um und sah einen großen Bär, der brummend auf ihn zutrabte.
»Oho«, rief der Soldat, »dich will ich an der Nase kitzeln, daß dir
die Lust zum Brummen vergehen soll«, legte an und schoß den*

30 *Bär auf die Schnauze, daß er zusammenfiel und sich nicht mehr
regte. »Ich sehe wohl«, sagte der Fremde, »daß dir's an Mut nicht
fehlt, aber es ist noch eine Bedingung dabei, die mußt du erfül-*

len.« »Wenn mir's an meiner Seligkeit nicht schadet«,
antwortete der Soldat, der wohl merkte, wen er vor sich
35   hatte, »sonst lass' ich mich auf nichts ein.« »Das wirst du selber
sehen«, antwortete der Grünrock, »du darfst in den nächsten
sieben Jahren dich nicht waschen, dir Bart und Haare nicht
kämmen, die Nägel nicht schneiden und kein Vaterunser beten.
Dann will ich dir einen Rock und Mantel geben, den mußt du in
40   dieser Zeit tragen. Stirbst du in diesen sieben Jahren, so bist du
mein, bleibst du aber leben, so bist du frei und bist reich dazu für
dein Lebtag.« Der Soldat dachte an die große Not, in der er sich
befand, und da er so oft in den Tod gegangen war, wollte er es
auch jetzt wagen und willigte ein. Der Teufel zog den grünen
45   Rock aus, reichte ihn dem Soldaten hin und sagte: »Wenn du
den Rock an deinem Leibe hast und in die Tasche greifst, so
wirst du die Hand immer voll Geld haben.« Dann zog er dem Bären die Haut ab und sagte: »Das soll dein Mantel sein und auch
dein Bett; denn darauf mußt du schlafen und darfst in kein
50   anderes Bett kommen. Und dieser Tracht wegen sollst du Bärenhäuter heißen.« Hierauf verschwand der Teufel.
Der Soldat zog den Rock an, griff gleich in die Tasche und fand,
daß die Sache ihre Richtigkeit hatte. Dann hing er die Bärenhaut
um und ging in die Welt, war guter Dinge und unterließ
55   nichts, was ihm wohl und dem Gelde wehe tat. Im ersten Jahr
ging es noch leidlich, aber in dem zweiten sah er schon aus wie
ein Ungeheuer. Das Haar bedeckte ihm fast das ganze Gesicht,
sein Bart glich einem Stück grobem Filztuch, seine Finger hatten
Krallen, und sein Gesicht war so mit Schmutz bedeckt, daß,
60   wenn man Kresse hinein gesät hätte, sie aufgegangen wäre. Wer
ihn sah, lief fort, weil er aber allerorten den Armen Geld gab, damit sie für ihn beteten, daß er in den sieben Jahren nicht stürbe,
und weil er alles gut bezahlte, so erhielt er doch immer noch Her-
berge. Im vierten Jahr kam er in ein Wirtshaus, da
65   wollte ihn der Wirt nicht aufnehmen und wollte ihm nicht einmal
einen Platz im Stall anweisen, weil er fürchtete, seine Pferde

würden scheu werden. Doch als der Bärenhäuter in die Tasche griff und eine Handvoll Dukaten herausholte, so ließ der Wirt sich erweichen und gab ihm eine Stube im Hinterge-

70 *bäude; doch mußte er versprechen, sich nicht sehen zu lassen, damit sein Haus nicht in bösen Ruf käme.*

Als der Bärenhäuter abends allein saß und von Herzen wünschte, daß die sieben Jahre herum wären, so hörte er in einem Nebenzimmer ein lautes Jammern. Er hatte ein mitleidiges

75 *Herz, öffnete die Türe und erblickte einen alten Mann, der heftig weinte und die Hände über dem Kopf zusammenschlug. Der Bärenhäuter trat näher, aber der Mann sprang auf und wollte entfliehen. Endlich, als er eine menschliche Stimme vernahm, ließ er sich bewegen, und durch freundliches Zureden*

80 *brachte es der Bärenhäuter dahin, daß er ihm die Ursache seines Kummers offenbarte. Sein Vermögen war nach und nach geschwunden, er und seine Töchter mußten darben, und er war so arm, daß er den Wirt nicht einmal bezahlen konnte und ins Gefängnis sollte gesetzt werden. »Wenn Ihr weiter keine Sorge*

85 *habt«, sagte der Bärenhäuter, »Geld habe ich genug.« Er ließ den Wirt herbeikommen, bezahlte ihn und steckte dem Unglücklichen noch einen Beutel voll Gold in die Tasche. Als der alte Mann sich aus seinen Sorgen erlöst sah, wußte er nicht, womit er sich dankbar erweisen sollte. »Komm mit mir«, sprach er zu*

90 *ihm, »meine Töchter sind Wunder von Schönheit, wähle dir eine davon zur Frau. Wenn sie hört, was du für mich getan hast, so wird sie sich nicht weigern. Du siehst freilich ein wenig seltsam aus, aber sie wird dich schon wieder in Ordnung bringen.« Dem Bärenhäuter gefiel das wohl, und er ging mit. Als ihn die*

95 *älteste erblickte, entsetzte sie sich so gewaltig vor seinem Antlitz, daß sie aufschrie und fortlief. Die zweite blieb zwar stehen und betrachtete ihn von Kopf bis zu den Füßen, dann aber sprach sie: »Wie kann ich einen Mann nehmen, der keine menschliche Gestalt mehr hat? Da gefiel mir der rasierte Bär noch besser, der einmal*

100 *hier zu sehen war und sich für einen Menschen ausgab, der*

hatte noch einen Husarenpelz an und weiße Handschuhe. Wenn
er nur häßlich wäre, so könnte ich mich an ihn gewöhnen.« Die
jüngste aber sprach: »Lieber Vater, das muß ein guter Mann
sein, der Euch aus der Not geholfen hat; habt Ihr ihm dafür
105 eine Braut versprochen, so muß Euer Wort gehalten werden.«
Es war schade, daß das Gesicht des Bärenhäuters von Schmutz
und Haaren bedeckt war, sonst hätte man sehen können, wie
ihm das Herz im Leibe lachte, als er diese Worte hörte. Er nahm
einen Ring von seinem Finger, brach ihn entzwei und
110 gab ihr die eine Hälfte, die andere behielt er für sich. In ihre Hälfte aber schrieb er seinen Namen, und in seine Hälfte schrieb
er ihren Namen und bat sie, ihr Stück gut aufzuheben. Hierauf
nahm er Abschied und sprach: »Ich muß noch drei Jahre wandern, komm' ich aber nicht wieder, so bist du frei, weil
115 ich dann tot bin. Bitte aber Gott, daß er mir das Leben erhält.«
Die arme Braut kleidete sich ganz schwarz, und wenn sie an ihren Bräutigam dachte, so kamen ihr die Tränen in die Augen. Von
ihren Schwestern ward ihr nichts als Hohn und Spott zuteil.
»Nimm dich in acht«, sprach die älteste, »wenn du ihm die Hand
120 reichst, so schlägt er dir mit der Tatze darauf.« »Hüte dich«, sagte die zweite, »die Bären lieben die Süßigkeit, und wenn du ihm
gefällst, so frißt er dich auf.« »Du mußt nur immer seinen Willen
tun«, hub die älteste wieder an, »sonst fängt er an zu brummen.«
Und die zweite fuhr fort: »Aber die Hochzeit wird
125 lustig sein, Bären, die tanzen gut.« Die Braut schwieg still und
ließ sich nicht irre machen. Der Bärenhäuter aber zog in der Welt
herum, von einem Ort zum anderen, tat Gutes, wo er konnte, und
gab den Armen reichlich, damit sie für ihn beteten. Endlich als
der letzte Tag von den sieben Jahren anbrach, ging er
130 wieder hinaus auf die Heide und setzte sich unter den Ring von
Bäumen. Nicht lange, so sauste der Wind, und der Teufel stand
vor ihm und blickte ihn verdrießlich an; dann warf er ihm den alten Rock hin und verlangte seinen grünen zurück. »So weit sind
wir noch nicht«, antwortete der Bärenhäuter, »erst sollst

135 *du mich reinigen.« Der Teufel mochte wollen oder nicht, er muß-*
te Wasser holen, den Bärenhäuter abwaschen, ihm die Haare
kämmen und die Nägel schneiden. Hierauf sah er wie ein tapfe-
rer Kriegsmann aus und war viel schöner als je vorher. Als der
Teufel glücklich abgezogen war, so war es dem
140 *Bärenhäuter ganz leicht ums Herz. Er ging in die Stadt, tat einen*
prächtigen Samtrock an, setzte sich in einen Wagen, mit vier
Schimmeln bespannt, und fuhr zu dem Haus seiner Braut. Nie-
mand erkannte ihn, der Vater hielt ihn für einen vornehmen Feld-
obrist
145 *und führte ihn in das Zimmer, wo seine Töchter saßen. Er mußte*
sich zwischen den beiden ältesten niederlassen: sie schenkten
ihm Wein ein, legten ihm die besten Bissen vor und meinten, sie
hätten keinen schöneren Mann auf der Welt gesehen. Die Braut
aber saß in schwarzem Kleide ihm gegenüber,
150 *schlug die Augen nicht auf und sprach kein Wort. Als er endlich*
den Vater fragte, ob er ihm eine seiner Töchter zur Frau geben
wollte, so sprangen die beiden ältesten auf, liefen in ihre Kammer
und wollten prächtige Kleider anziehen; denn eine jede bildete
sich ein, sie wäre die Auserwählte. Der Fremde, sobald er mit
155 *seiner Braut allein war, holte den halben Ring hervor und warf ihn*
in einen Becher mit Wein, den er ihr über den Tisch reichte. Sie
nahm ihn an, aber als sie getrunken hatte und den halben Ring
auf dem Grund liegen fand, so schlug ihr das Herz. Sie holte die
andere Hälfte, die sie an einem Band um den Hals
160 *trug, hielt sie daran, und es zeigte sich, daß beide Teile vollkom-*
men zueinander paßten. Da sprach er: »Ich bin dein verlobter
Bräutigam, den du als Bärenhäuter gesehen hast, aber durch
Gottes Gnade habe ich meine menschliche Gestalt wieder erhal-
ten und bin wieder rein geworden.« Er ging auf sie zu, umarmte
165 *sie und gab ihr einen Kuß. Indem kamen die beiden Schwestern*
in vollem Putz herein, und als sie sahen, daß der schöne Mann
der jüngsten zuteil geworden war, und hörten, daß das der Bä-
renhäuter war, liefen sie voll Zorn und Wut hinaus; die eine er-

säufte sich im Brunnen, die andere erhenkte sich an
170 *einem Baum. Am Abend klopfte jemand an der Türe, und als*
der Bräutigam öffnete, so war's der Teufel im grünen Rock, der
sprach: »Siehst du, nun habe ich zwei Seelen für deine eine.«

»Der Bärenhäuter« ist entnommen aus den »Kinder- und Hausmärchen«, gesammelt durch die Brüder Grimm, zuerst erschienen
als Insel Taschenbuch 113, N.G. Elwert Verlag, Marburg 1979

1. Der Krieg ist zu Ende

Zeilen 1 – 12

Es war einmal ein junger Kerl, der ließ sich als Soldat anwerben, hielt sich tapfer und war immer der vorderste, wenn es blaue Bohnen regnete. Solange der Krieg dauerte, ging alles gut, aber als Friede geschlossen war, erhielt er seinen Abschied und der
5 *Hauptmann sagte, er könnte gehen, wohin er wollte. Seine Eltern waren tot, und er hatte keine Heimat mehr, da ging er zu seinen Brüdern und bat, sie möchten ihm so lange Unterhalt geben, bis der Krieg wieder anfinge. Die Brüder aber waren hartherzig und sagten:* »Was sollen wir mit dir? Wir können dich
10 nicht brauchen; sieh zu, wie du dich durchschlägst.« *Der Soldat hatte nichts übrig als sein Gewehr, das nahm er auf die Schulter und wollte in die Welt gehen.*

Normalerweise befindet sich ein Märchenheld zu Beginn eines Märchens in einer extrem schwierigen Situation, aus der es keinen Ausweg zu geben scheint. Aber gerade die Aussichtslosigkeit soll Kräfte mobilisieren, die für den Ausbruch aus dieser Lebenslage erforderlich sind. Ohne die anfängliche Herausforderung wäre eine Entwicklung des Helden wohl nicht möglich.

So begegnen wir in diesem Märchen einem jungen Mann, der als Soldat gedient hat und offenbar im Krieg sehr tüchtig gewesen ist. Er hat mutig gekämpft und vor keinem Kugelhagel oder Angriff kapituliert. Dabei hat er bewiesen, dass er Gefahren Stand zu halten vermochte. Er war kein Drückeberger und litt auch nicht unter Todesängsten, oder wenn, dann gelang es ihm, diese unter Kontrolle zu halten und sich zu disziplinieren.

Wenn der Beruf des Soldaten in einem besseren Ansehen stünde, müsste man vor diesem jungen Mann besonderen Respekt haben. Zur Zeit des Preußentums hat der Leser des Märchens deshalb wohl auch ganz anders reagiert als heutzutage.

Im Märchenanfang steckt noch ein Paradoxon: Wenn wir hören, dass alles gut ging, so lange der Krieg dauerte, es für den Helden aber schlimm wurde, als der Frieden ausbrach, dann empfinden wir darin einen Widerspruch. Gerade wir Heutigen, die schon mehrere Jahrzehnte ohne Krieg leben durften, können uns kaum vorstellen, dass jemand über den Frieden unglücklich sein könnte. Krieg, wo immer er auf der Welt geführt wird, bringt den Menschen Leid, Verwundungen, Schmerzen, Hunger, Verwahrlosung, Chaos und oft den Tod von Angehörigen. Wie sollte ein vernünftiger Mensch Krieg befürworten können?

Fast jeder Mensch, der je einen Krieg miterlebt hat, wird ihn ablehnen oder sogar verabscheuen, gewöhnlich wird er noch lange Zeit danach von den belastenden Erinnerungen heimgesucht.

»Wenn es blaue Bohnen regnete«, das heißt, wenn die Bleikugeln, die man früher bei der Kriegsführung als Geschosse verwendete, durch die Luft flogen, dann war unser Märchenheld immer mitten im Getümmel dabei. Die Aufregung und Hektik waren stets groß. Flink und behände vermochte er dem Kugelhagel auszuweichen, obwohl er an vorderster Front kämpfte. Er ließ sich von keinem Angriff in Angst und Schrecken versetzen, sondern wehrte sich nach besten Kräften. Das tägliche Blutvergießen, Töten und Sterben hielt er aus, ohne die Nerven zu verlieren. Es gehörte physische Kraft und sehr gutes Reaktionsvermögen dazu, die Kämpfe durchzustehen und sich keine Schwäche zu erlauben. Selbstdisziplin, Furchtlosigkeit und Vertrauen in das eigene Können lassen ihn die Entbehrungen ertragen und das Wehgeschrei seiner Kameraden hinnehmen.

Er »war immer der Vorderste«, heißt es im Märchen. Also war er sehr aktiv, voller Tatendrang und schreckte vor nichts und niemandem zurück. Am Ball zu bleiben, zu zielen und zu schießen, ohne darüber nachzudenken, welche Verletzungen er den Gegnern zufügt, nicht müde zu werden und zu erlahmen, bis der Kampf gewonnen ist, das verlangt er sich ab. Denn er weiß, wer sich selber nicht im Griff hat, der wird zum Opfer des Kriegsgegners. Eigene

Verwundungen und Schmerzen – oder die von seinen Kameraden – auszuhalten, gehört zum Alltag eines Soldatenlebens.

Die tägliche Konfrontation mit dem Sterben und dem Tod muss er bewältigen können. Er muss auch darauf gefasst sein, dass *er* sein Leben verlieren könnte. Gute Nerven, Durchhaltevermögen, physische und seelische Stärke braucht er, sonst wäre er diesen Kriegsanforderungen nicht gewachsen gewesen.

Wir sehen, unser Soldat zeichnet sich schon in seinen jungen Jahren durch eine Fülle von herausragenden Eigenschaften und Fähigkeiten aus. Aber zu Beginn des Märchens ist er »nur« ein Soldat, vielleicht ein Kriegsheld, aber noch kein wirklicher Märchenheld, denn ein Märchenheld hat ganz andere Kriterien zu erfüllen. Den Krieg übersteht er gesund und unversehrt. Das ist für ihn ein großes Glück. Als er seinen Abschied erhielt, ist er ratlos und weiß weder ein noch aus.

Als der Hauptmann dem Soldaten sagt, dass er nun, nachdem Frieden geschlossen wurde, frei wäre und gehen könne, wohin er wolle, beglückt ihn das Angebot von Freiheit keineswegs. Denn die geschenkte Freiheit bringt ihn um die bisher erlebte Geborgenheit in der Truppe, um die Zugehörigkeit zu den Mitsoldaten, um das Gefühl von Gemeinschaft und Kameradschaft. Als Soldat war er versorgt, er erhielt Nahrung, Kleidung und Ausrüstung – oder er erhielt die Erlaubnis zur Plünderung für die Selbstversorgung, wie sie in vielen Kriegen üblich war und heute noch ist. Kurz, er war eingebunden in eine hierarchische Kampfstruktur und wusste, wohin er gehörte. Er erhielt stets von seinen Vorgesetzten Anweisungen, die er zu erfüllen hatte. Eigenes Nachdenken war nicht gefragt. Insofern war er »fremdbestimmt«. Mit dem Friedensschluss wird ihm dies alles schlagartig aufgekündigt. Freiheit, die einem so aus heiterem Himmel zuteil wird, nützt einem meistens nichts oder nur wenig. Dies ist vergleichbar mit einer plötzlichen *Arbeitslosigkeit,* in die jemand nach langen Jahren der Berufstätigkeit entlassen wird. Wenn jemand aus Gründen, die er selbst nicht zu vertreten hat, seinen Dienst quittieren muss und keinerlei finanzielle Absicherung erhält, trägt er wahrscheinlich eher einen psychischen Schock davon, als dass er sich über die gewonnene Freiheit freuen könnte. Ein Mensch, der nicht gelernt hat, mit Freiheit sinnvoll umzugehen, kommt mit ihr vermutlich nicht zurecht. Auf politischer Ebene lässt sich dies überall dort beobachten, wo Menschen lange Zeit unterdrückt worden sind und dann frei wurden. Sei es, dass sie unter diktatorischen Regimen gelebt haben und dann in eine Demokratie entlassen wurden, wie es zum Beispiel bei den GUS-Staaten der Fall war. In der Antike stellte sich das Problem, wenn Sklaven ihre Freiheit erlangten.

Pubertäre junge Menschen wollen frei sein von der elterlichen und schulischen Erziehung und tun sich oft schwer damit, nicht nur über die Stränge zu schlagen, sondern sich selber Grenzen zu stecken, um in dem selbst gesteckten Rahmen ihre »begrenzte« Freiheit zu leben. Aber bei unserem Märchenhelden stellt sich nicht nur das Problem, wie er mit der plötzlich erlangten Freiheit sinnvoll umgehen soll, sondern vielmehr die Frage, wie er von nun an die volle Verantwortung für sein Leben übernehmen kann. Dazu ist ein längerer Entwicklungsprozess erforderlich.

Wie kann es ihm gelingen, ab sofort für sich selbst zu sorgen, sich Nahrung, Kleidung und Unterkunft zu beschaffen? Das einzige Handwerk, das er versteht, ist das »Kriegshandwerk« – und das ist nicht mehr gefragt. Für die neuen Verhältnisse ist er nicht ausgebildet. Es gibt auch keine Organisation, die ihm unter die Arme greift.

Auch heutzutage kommt es häufig vor, dass jemand fehlqualifiziert ist. Wenn jemand zum Beispiel einen Beruf erwählt hat, der aufgrund des technischen Fortschritts überflüssig geworden ist, wie zum Beispiel der Wagenmacher oder der Heizer, dann muss er eine Umschulung auf sich nehmen. Im Lauf der Jahrhunderte haben sich ständig Veränderungen im Berufsleben vollzogen, denen wir durch Anpassungen an die neuen Gegebenheiten Rechnung tragen müssen. Nur die Veränderung ist das einzig Beständige.

Nun können wir uns vorstellen, dass ein Soldat, wenn er aus dem Krieg zurückkommt, zu allererst sein Elternhaus aufsucht. Da heißt es im Märchen ganz lapidar: »Seine Eltern waren tot.« Das Märchen gibt uns keinerlei Auskunft darüber, ob seine Eltern in den Kriegswirren ums Leben gekommen sind – oder ob sie schon vor Kriegsbeginn verstorben sind –, so dass der Tod der Eltern für den Märchenhelden der Anlass war, Soldat zu werden. Ganz gleich, zu welchem Zeitpunkt und auf welche Weise er seine Eltern verloren hat, ohne sie ist er »verwaist« und heimatlos. Er ist »entwurzelt«, fremd und ohne jede Geborgenheit. Er ist ausgeliefert an eine kalte, unwirtliche Welt. Da in früheren Jahrhunderten das Familienbewusstsein größer war, versteht es sich, dass er die übrige Familie aufsucht, nämlich seine Brüder, die den Krieg überlebt haben und ihn vorübergehend aufnehmen könnten. Aber die Brüder sind egoistisch und hart. Sie empfinden wohl auch keine tiefe Verbundenheit mit ihm. Sie haben Angst, ihren Bruder für eine längere Zeit versorgen zu sollen. Dazu sind sie nicht bereit. Vielleicht haben sie selbst auch keine Überschüsse an Nahrung und Kleidung, auf die sie verzichten könnten.

Im Märchen dient diese Abweisung der Steigerung von Aussichtslosigkeit. Märchenhelden gelangen in Extremsituationen und Existenzkrisen, damit sie umso intensiver nach einem Ausweg aus ihrer Lebenssituation suchen.

Die Ausgrenzung, die der Soldat erfährt, ist vollkommen. Er ist ungeliebt, fehlqualifiziert und somit überflüssig, kurz, er ist ein Ausgeschlossener aus der Gesellschaft. Niemand bedarf seiner mehr. Es gibt auch von staatlicher Seite noch nicht einmal ein soziales Netz, das ihn auffangen könnte. Wir Heutigen sind es gewohnt, dass der Sozialstaat für die sozial Schwachen, abseits Stehenden, irgendeine Auffangmöglichkeit bereithält. Aber hier im Märchen ist der junge Mann ganz und gar auf sich allein gestellt. Es ist einfach kein Mensch und keine Institution für ihn da, der bzw. die ihm unter die Arme greift. Seine Lebensbilanz ist deprimierend. Was soll er tun? Was kann er tun?

Der einzige verbliebene Besitz ist sein Gewehr, das er, wenn er nicht der Märchenheld wäre, sicher gegen sich richten würde, wie es so mancher junge Mensch in seiner Verzweiflung wohl tun würde. Aber im Märchen wird diese nahe liegende Verzweiflungstat nicht als gangbarer Weg gewählt. Irgendetwas hält ihn davon ab. Ist es das instinktive »Leben-Wollen«, das ihn davor bewahrt, oder ein intuitives Wissen um irgendeinen anderen Ausweg aus seiner Situation? Wahrscheinlich spürt er seine jugendliche Kraft, seine Vitalität und eine latente Zuversicht, die ihn von einem Suizid abhalten. Sei es, dass er über ein tief sitzendes Urvertrauen ins Leben verfügt, oder einfach über ein Gottvertrauen, oder handelt es sich nur um ein indifferentes Gefühl, am Leben bleiben zu *wollen?* Zunächst verlässt er ziellos seine Heimat, die für ihn keine mehr ist. So nimmt er zum zweiten Mal Abschied von ihr. Das erste Mal zog er als Soldat in den Krieg und nun zieht er in die »weite Welt«, die im Märchen symbolisch für die Fülle von lauter unbekannten Möglichkeiten steht. Zum zweiten Mal findet eine Zäsur in seinem Leben statt. Dadurch wird die Notwendigkeit des Abnabelungsprozesses noch verstärkt.

2. Die Begegnung mit dem Teufel

Zeilen 12 – 51

Er kam auf eine große Heide, auf der nichts zu sehen war als ein Ring von Bäumen: darunter setzte er sich ganz traurig nieder und sann über sein Schicksal

15 *nach. »Ich habe kein Geld«, dachte er, »ich habe nichts gelernt als das Kriegshandwerk, und jetzt, weil Friede geschlossen ist, brauchen sie mich nicht mehr; ich sehe voraus, ich muß verhungern.« Auf einmal hörte er ein Brausen, und wie er sich umblickte, stand ein unbekannter Mann vor ihm, der einen grünen*

20 *Rock trug, recht stattlich aussah, aber einen garstigen Pferdefuß hatte. »Ich weiß schon, was dir fehlt«, sagte der Mann, »Geld und Gut sollst du haben, soviel du mit aller Gewalt durchbringen kannst, aber ich muß zuvor wissen, ob du dich nicht fürchtest, damit ich mein Geld nicht umsonst ausgebe.«*

25 *»Ein Soldat und Furcht, wie paßt das zusammen?« »Wohlan«, antwortete der Mann, »schau hinter dich.« Der Soldat kehrte sich um und sah einen großen Bär, der brummend auf ihn zutrabte. »Oho«, rief der Soldat, »dich will ich an der Nase kitzeln, daß dir die Lust zum Brummen vergehen soll«, legte an und schoß*

30 *den Bär auf die Schnauze, daß er zusammenfiel und sich nicht mehr regte. »Ich sehe wohl«, sagte der Fremde, »daß dir's an Mut nicht fehlt, aber es ist noch eine Bedingung dabei, die mußt du erfüllen.« »Wenn mir's an meiner Seligkeit nicht schadet«, antwortete der Soldat, der wohl merkte, wen er vor sich hat-*

35 *te, »sonst lass' ich mich auf nichts ein.« »Das wirst du selber sehen«, antwortete der Grünrock, »du darfst in den nächsten sieben Jahren dich nicht waschen, dir Bart und Haare nicht kämmen, die Nägel nicht schneiden und kein Vaterunser beten. Dann will ich dir einen Rock und Mantel geben, den mußt du in*

40 *dieser Zeit tragen. Stirbst du in diesen sieben Jahren, so bist du mein, bleibst du aber leben, so bist du frei und bist reich dazu für*

dein Lebtag.« Der Soldat dachte an die große Not, in der er sich
befand, und da er so oft in den Tod gegangen war, wollte er
es auch jetzt wagen und willigte ein. Der Teufel zog den grünen
45 *Rock aus, reichte ihn dem Soldaten hin und sagte: »Wenn du*
den Rock an deinem Leibe hast und in die Tasche greifst, so
wirst du die Hand immer voll Geld haben.« Dann zog er dem Bä-
ren die Haut ab und sagte: »Das soll dein Mantel sein und auch
dein Bett; denn darauf mußt du schlafen und darfst in kein
50 *anderes Bett kommen. Und dieser Tracht wegen sollst du Bären-*
häuter heißen.« Hierauf verschwand der Teufel.

Der Märchenheld hat seine Heimat verlassen und damit einen neuen Abschnitt seiner Lebensreise begonnen. Zwar war er als Soldat gut genug dafür, sein Heimatland gegen den Feind zu schützen und zu verteidigen, aber in Friedenszeiten bietet es ihm noch nicht einmal eine Heimstatt mehr. Er zieht in die Welt hinaus, ohne klare Vorstellungen von seiner weiteren Zukunft zu haben. Er ist ein Suchender, geht aber zunächst ziellos seiner Wege. Die Phase zwischen dem Aufbruch aus seiner Heimat und dem Eintreffen am Ring von Bäumen, wo er dem Teufel begegnet, wird nicht näher beschrieben. Dennoch ist dieser Zeitraum für das innere Geschehen des Soldaten von großer Bedeutung.

Als Soldat war er gewohnt in der Truppe oder auch in Gruppen zu marschieren. Das ist ein Gehen im Gleichschritt, in Anpassung aller miteinander. Nun ist der Soldat als einsamer Wanderer unterwegs. Das ist für ihn eine ganz andere und neue Lebenserfahrung. Er ist auf sich allein angewiesen, entwickelt seinen eigenen Rhythmus, bestimmt sein Tempo, kann Pausen einlegen, wann, wo und wie es ihm gefällt. Er verfügt über viel Zeit, wird von keinem Vorgesetzten angetrieben, sondern entscheidet sich für ein Verweilen oder Weitergehen – ganz nach eigenen Bedürfnissen. Wahrscheinlich kann er zum ersten Mal im Leben frei über sich verfügen. So gelangt er in die verschiedensten Gegenden und Orte, trifft fremde Menschen und ist frei von allen Befehlen. Durch das reine Gehen gewinnt er Abstand von seinem Elternhaus und von all den Stätten, wo er aufgewachsen ist und wo er seine Kindheit verbracht hat.

Alles Gute und alles Belastende, was er als Kind und Jugendlicher erfahren hat, lässt er hinter sich zurück. Alle früheren Erlebnisse kann er noch einmal bedenken und sie auf sich wirken lassen kann. Er kann den Tod der Eltern mit Trauer nachvollziehen, das unbarmherzige Verhalten seiner Brüder analysieren und die Kriegserlebnisse innerlich verarbeiten. Wir wissen heutzutage, dass viele Soldaten, die aus Kriegsgebieten zurückkehren, an posttraumatischem Stress leiden. Der kann sich darin äußern, dass sie nachts Schweißausbrüche bekommen und Alpträume haben. Kriegsbilder tauchen immer wieder in ihrem Bewusstsein auf. Sie fühlen sich oft schuldbewusst und werden mitunter depressiv. Auch die Suizidneigung ist unter ihnen weit verbreitet, weil sie mit ihren Kriegserlebnissen psychisch und physisch nicht fertig werden. Ein relativ hoher Prozentsatz der ehemaligen Soldaten wird straffällig oder drogensüchtig. Vielleicht ist dies auf eine Verrohung der Gefühle zurückzuführen, oder weil sie eine Art Sinnlosigkeit verspüren. Grundsätzlich sind alle diese Symptome sehr belastend.

Mit dem zunehmenden zeitlichen und örtlichen Abstand zu den Ereignissen ändert sich die Perspektive zu allem, was der ehemalige Soldat je erlebt hat. Was er hinter sich gelassen hat, wirkt kleiner, unbedeutender und manches vergisst sich ganz.

Während des Gehens, Schritt für Schritt, vollziehen sich im Soldaten unzählige Gedanken- und Gefühlsabläufe, die im Märchen gewöhnlich nicht beschrieben werden, aber gut vorstellbar sind. Durch die seelische Verarbeitung der vergangenen Ereignisse wachsen seine Erfahrungspotenziale, die ihm für die weitere Lebensbewältigung zur Verfügung stehen. Das macht ihn innerlich reicher, er wird reifer und zugleich kompetenter. Der Kopf wird dabei klar und frei.

Nachdem er nun eine lange Zeit so gewandert ist, verändert sich die Landschaft. Er gelangt in eine Gegend, die ihm unbekannt und fremd ist. So betritt er auch auf symbolischer Ebene »Neuland«. Der äußere Landschaftseindruck korrespondiert mit solchen inneren Persönlichkeitsanteilen, die bislang in seinem Leben – auf seinem Lebensweg – noch nicht angesprochen waren. Durch die Vergangenheitsbewältigung der letzten Zeit gewinnt er viele neue Erkenntnisse. Dadurch erfährt er eine seelische Erweiterung und es eröffnen sich ihm neue Horizonte. Das Neue kann ja nur wahrgenommen werden, wenn der Mensch dafür aufgeschlossen ist. Er muss innerlich bereit sein, sich auf Veränderungen einzulassen. Er befindet sich nun in der »großen Heide«, in der ihm ein »Ring von Bäumen« auffällt. Dieser Hinweis lässt einen sofort an einen Kultplatz denken, möglicherweise einen Kultplatz der Heiden, also außerhalb des christlichen Umfeldes, denn Bäume stehen nicht rein zufällig im Kreis. Sie müssen von Menschenhand so angepflanzt worden sein, um dort kultische Handlungen durchzuführen. Vielleicht war es einmal ein Thingplatz. Dieses »Kreis-Symbol« erinnert an die »Unendlichkeit« oder an die »Ewigkeit«. Dieser Baumring strahlt zugleich magische Kräfte aus, zu denen er sich offenbar unbewusst hingezogen fühlt. Hier wird er mit dem Irrationalen konfrontiert.

Für den Märchenhelden beginnt an diesem Ort ein neuer Kreislauf von sieben Jahren.

Der Ring aus Bäumen bietet zugleich Schutz und kann deshalb als Vorwegnahme – als Ahnung – für das positive Ende der bevorstehenden Lebensphase angesehen werden. Aber bis dahin müssen schwierigste Zeiten durchgestanden werden.

Zunächst setzt sich der junge Mann nieder, nachdem er so weit gegangen ist und schon einigen Abstand zu allem gewonnen hat, was er erlebt hat. Während seiner Wanderschaft hat er seine Lebensbilanz gezogen und benennt jetzt die Quintessenz daraus. Er stellt fest, dass er kein Geld hat und dass er außer dem Kriegshandwerk nichts gelernt hat. Der einzige Besitz besteht in dem, was er am Leibe trägt, und in einem Gewehr. Er hat keine Eltern mehr, die Geschwister wollen ihn nicht aufnehmen. Eine eigene Familie hat er noch nicht gegründet. Also – so scheint es – ist er überflüssig und ohne jede Lebensaufgabe. Niemand kann ihn gebrauchen. Obwohl er jung ist, findet er keinen Arbeitsplatz, weil es vermutlich genug andere junge Männer gibt, die nach dem Kriegsende nach Hause zurückgekehrt sind und in der familiären Landwirtschaft oder im Handwerk mitarbeiten wollen. Was soll er tun? Er begreift, dass er auf familiäre Unterstützung nicht zurückgreifen kann wie so mancher seiner Kriegskameraden.

Er muss akzeptieren, dass die Menschen, mit denen er seine Kindheit verbracht hat, nichts mehr von ihm wissen wollen. Seine Brüder haben ihn fortgeschickt. Selbst wenn durch die gemeinsame Kindheit noch seelische Bindungen an sie bestehen, so wird es nun Zeit, sich von ihnen innerlich zu lösen. Er muss die Vergangenheit mit allen erlebten Gemeinsamkeiten los lassen, sie auf sich beruhen lassen. Das Festhalten an solchen Familienbanden würde ihn an seinem Werdegang behindern, weil er dann immer wieder sehnsuchtsvoll in die Vergangenheit blickte, statt diese Kräfte, diese frei werdenden Energien für die Gestaltung der Zukunft zu verwenden. Erst wenn es ihm gelingt, höchstens die positiven Erinnerungen im Gedächtnis zu behalten und die negativen Erinnerungen zu neutralisieren, dann wird sein Blick frei sein und er kann dem weiteren Geschehen offen entgegen sehen.

Dieses Nachsinnen über sein bisheriges Leben ist wichtig, weil er sich auf diese Weise über seinen Standort klar wird. Es ist wie ein Rechenschaftsbericht, um austarieren zu können, welche Möglichkeiten in der Zukunft noch offen sind, aber auch, um die Vergangenheit abzuschließen. Dabei ist jedoch nicht etwa ein Verdrängen der betrüblichen Erfahrungen gemeint, sondern das Ziehen eines Schlussstrichs. Es handelt sich um einen Einschnitt in seinem Leben. Das, was vielen Menschen so schwer fällt, setzt der Soldat um, nämlich das Geschehene, wie immer es ausgesehen haben mag, auf sich beruhen lassen zu können. Im Märchen geht es nicht um den Blick zurück im Zorn, sondern um den Blick nach vorn, der in die Zukunft gerichtet ist. Das Neue wird ihn beschäftigen, und um das Kommende bewältigen zu können, muss er die an die Vergangenheit gebundenen Energien freisetzen. Er öffnet sich für das, was auf ihn zukommt, auch wenn ihn die Sorge plagt, ob er verhungern müsse.

Wie so oft im Märchen kommt in dieser Situation Hilfe von außen, von einer Seite, mit der gar nicht zu rechnen war. Da er sich auf einem Kultplatz niedergelassen hat, ist zu erwarten, dass er auf magische Weise Hilfe erfährt. Das Unerwartete kündigt sich durch ein Brausen an. Auch in der Bibel gibt es immer wieder Hinweise darauf, dass zum Beispiel ein Engel sich durch ein Rauschen oder Brausen den Menschen nähert und eine Botschaft bringt. Die Verkündigung von Marias Schwangerschaft mit Jesu wurde ihr auf diese Weise vermittelt.

Hier im Märchen ist es der Bote aus der Unterwelt, der sich dem Soldaten zeigt. Er tritt auf den Plan, weil er den Soldaten in einer aussichtslosen Situation wähnt und annimmt, ihn für seine Sache gewinnen zu können. Der Teufel tritt gewöhnlich dann in Erscheinung, wenn er vermutet, eine menschliche Seele für sich gewinnen zu können. Solange Menschen sich noch selber helfen können, lohnt es sich für ihn nicht einzuspringen. Aber wenn es für den Menschen keine Hoffnung und keine Perspektive mehr gibt, dann ist er zur Stelle und rechnet sich seine Chancen aus. Der Soldat erkennt ihn sofort an seinem Pferdefuß, wiewohl die übrige Gestalt ganz normal aussieht. Er tritt im »grünen Rock« auf und wirkt deshalb wie ein Jäger. Auf einer symbolischen Ebene verkörpert er den »Seelen-Jäger«, der annimmt, dass die Menschen, die sich in großer Not befinden, entweder zu verführen oder käuflich seien. Das heißt, dass sie, wenn man ihnen genügend materiellen Wohlstand anbietet, unfähig sind, diesen auszuschlagen. Sie könnten dann leicht in eine materielle Abhängigkeit geraten, die sich möglicherweise bis hin zur Habgier steigert. Wenn der Mensch allerdings einer solchen Gier verfällt, ist er des Teufels. Die Verführbarkeit und Bestechlichkeit der Menschen ist dem Teufel wohl vertraut. So legt er es in vielen

Märchen darauf an, die Märchenhelden daraufhin zu prüfen. Auch bei dem Soldaten verhält es sich so. Da er so gar nichts besitzt und ohne Lebensperspektive dasteht, könnte es sein, dass er aus seiner materiellen Not befreit werden möchte, und deshalb nach jedem Strohhalm greift, der ihm angeboten wird. Also wählt er, der Höllenfürst, ihn aus, um mit ihm ins Geschäft zu kommen. Er bietet ihm jede Menge Geld an, wenn der Soldat bereit ist, im Gegenzug einige Bedingungen zu akzeptieren. Zudem weiß der Teufel, dass der Soldat eine Kämpfernatur ist, die sich auf so manches riskante Abenteuer einzulassen vermag. So prüft er ihn, wie es um seine Furcht bestellt ist, denn einen zu vorsichtigen und ängstlichen Paktpartner will er nicht. Warum nicht? Er könnte zu unstet, labil und voller Zweifel sein. Es könnte ihm der Mut fehlen, sich überhaupt auf einen Pakt mit dem Teufel einzulassen. Ein wankelmütiger Partner ändert schnell seine Ansichten und wird abtrünnig, wenn es brenzlig wird. Dagegen will sich der Teufel vorher absichern. Denn der Einsatz, den er selbst erbringen will, ist groß. Immerhin ist er bereit, sofern es zu einem Pakt zwischen ihnen käme, eine riesige Summe Geldes aufzubringen, damit der Soldat so viel ausgeben könnte, wie er wollte. Außerdem nimmt er eine Wartezeit von sieben Jahren in Kauf.

Nachdem der Soldat ihm versichert hat, dass er sich vor nichts fürchte, stellt der Teufel den Soldaten unvermittelt auf die Probe, bevor es zu einem Vertrag kommt. Eigentlich verwundert es den Leser eher, dass der Teufel überhaupt einen solchen Test benötigt. Denn es ist anzunehmen, dass er, der Herr der Unterwelt, genug Informationen über die Handlungen der Menschen hat. So dürfte er um den Mut und die Furchtlosigkeit des Soldaten wissen. Allerdings dürfte er keinen Einblick in dessen Seele haben.

Gleichwie, er will diesen Test, und ehe sich der Soldat versieht, steht ein ausgewachsener Bär hinter ihm. Ohne einen Augenblick der Besinnung zu erhalten, ist er gezwungen zu handeln. Das kann er ohne Schwierigkeiten.

Denn solche Situationen, in denen es auf reflexartiges Handeln ankommt, sind für einen Soldaten nicht so ungewöhnlich. Wie oft stand er plötzlich vor einer großen Gefahr, der er nur dadurch zu entgehen vermochte, dass er schnell und furchtlos reagieren konnte. Ohne diese Fähigkeit des raschen Handelns und eines ausgezeichneten Reaktionsvermögens dank seiner wachen Sinne hätte er in den Schlachten wohl längst sein Leben verloren oder sich zumindest eine Verwundung zugezogen. Das richtige Handeln im richtigen Moment ist eine Begabung, durch die sich ein Märchenheld auszeichnet.

Der Soldat lässt sich weder von der Körpergröße des Bären noch durch das feindliche Brummen irritieren. Er lässt sich nicht aus der Ruhe bringen, bewahrt sich seine Souveränität, indem er die Gefahr, die von dem Bären ausgeht, verharmlost und seine Ängste nicht zulässt. Sich selber Mut machend sagt er: »Dich will ich an der Nase kitzeln.« Damit überspielt er die erste Schrecksekunde, aber es scheint notwendig zu sein, um sich physisch – und in Folge davon auch psychisch – überlegen fühlen zu können. Es gehört Zutrauen in das eigene Können – und in die eigenen Kräfte – dazu. Während des Krieges hat er genügend Erfahrung sammeln können, ob er zielen, treffen und töten kann, denn das gehört zum Kriegshandwerk dazu. Solange er die Nerven, eine ruhige Hand und gute Augen behält, wird er über dieses Können verfügen.

Dank der vielen Übung in Kriegstagen besteht er den Test mit Leichtigkeit. Er trifft den Bären und tötet ihn. Dies ist aber nur die Voraussetzung, die er zu erfüllen hatte, um als Vertragspartner des Teufels in Betracht zu kommen. Bemerkenswert an dieser Situation ist, dass er mit dem Bären nicht das geringste Mitgefühl hat. Er betrachtet ihn als »Feind« und nicht als lebendige Kreatur.

Der Teufel erkennt an diesem Beispiel, dass der Soldat beherzt und furchtlos zu handeln vermag, wenn es darauf ankommt. Damit hat er die Eingangsprüfung bestanden. Bevor der Teufel jedoch die Vertragspunkte nennt, die er seinerseits dem Soldaten abverlangen will, schränkt der Soldat seine Bereitschaft ein, indem er sagt: »Wenn mir's an meiner Seligkeit nicht schadet.« Erstaunlich ist, dass der Soldat auch in diesem Moment seine Geistesgegenwart und seine Nerven behält, obwohl er merkt, dass der Teufel ihn genau darum – um seine Seligkeit – bringen will.

Welches andere Interesse könnte der Teufel an einem Vertragsabschluss mit einem einfachen Soldaten wohl auch haben, als gerade nach seinem Ableben seine Seele zu bekommen? Er ist ein Soldat, der ohnehin viele »Seelen« auf dem Gewissen hat, weil er von Berufs wegen töten musste – auch wenn es um das Töten von Feinden ging. Es wundert einen daher, dass er nun zu allererst um die Rettung seiner eigenen Seele besorgt ist. Plagen ihn Gewissensbisse? Der Soldat erweist sich in dieser Situation als wach und gefasst. Er weiß schließlich, wen er vor sich hat, und lässt sich nicht naiv über den »Teufelsvertrag« hinwegtäuschen. Obwohl er sich in einer extremen Lebenslage befindet, die von Aussichtslosigkeit geprägt ist, erweist sich der Soldat nicht als »käuflich«. Er wappnet sich gegen die Gefahr, seine Seele aufs Spiel zu setzen, indem er anmerkt, »sonst lass' ich mich auf nichts ein«. Gleichwohl dürfte es ihm klar sein, dass er mit diesem Einwand die Absicht des Teufels nicht einschränkt.

Damit hat der Soldat seine Bedenken genannt. Das heißt, er ist zu allen Forderungen bereit, außer solchen, die seinem Seelenheil schaden könnten. Aber der Teufel ist ebenfalls ein schlauer Verhandlungspartner, denn ihm geht es ja einzig und allein um die Seele des Soldaten. Wenn er dies jetzt zugäbe, käme der Pakt nicht zu Stande. Also muss er diplomatisch diesen wunden Punkt des Vertrages umschiffen. So spielt er nicht etwa die Gefahr für dessen Seele herunter, sondern weicht einer klaren Antwort aus und legt die Beurteilung dieses Aspekts in das Ermessen des Soldaten. Dies zeugt von großer Geschicklichkeit. Genau genommen handelt es sich um eine Lüge, aber da er die Einschätzung dem Soldaten überträgt, entlastet er sich in diesem Punkt: »Das wirst du selber sehen«, sagt er lapidar und erhält sich auf diese Weise das Interesse des Verhandlungspartners. Es steckt Beschwichtigung in dieser Antwort, die sofort ihre Wirkung zeigt, indem der Soldat bereit ist, sich die Vertragsbedingungen anzuhören: Der Vertrag umfasst einen Zeitraum von sieben Jahren. In dieser Zeit dürfe der Soldat den Bart und die Haare nicht kämmen, die Nägel nicht schneiden, kein Vaterunser beten und er müsse während der ganzen Zeit in dem Bärenfell schlafen, das der Teufel dem Bären abgezogen hat, und es als Mantel tragen. Er verbietet ihm, in einem Bett zu schlafen. Für diese schwierigen Bedingungen erhält er als Trost den Rock des Grünen, in dessen Tasche sich immer genügend Geld befinden werde. Sollte er sterben, so gehöre er dem Teufel. Wenn er allerdings die sieben Jahre übersteht und überlebt, werde er bis zu seinem natürlichen Ableben über genug Geld verfügen.

Auf dieses Angebot geht der Soldat ein, denn auf diese Weise hätte er sieben Jahre lang keinerlei Geldsorgen, bei Ablehnung drohte ihm ein armseliges Leben ohne jegliche Perspektive, das von Hunger, Not, Armut und wohl auch von Hoffnungslosigkeit geprägt wäre. Die Gefahr, während dieses Zeitraums sein Leben zu verlieren, spielt er herunter, weil er als Soldat ständig mit dem Tod konfrontiert wurde.

3. Die Namensgebung des Bärenhäuters

Etwa schon solange es Menschen gibt, ist ihnen der Bär bekannt. Zur Zeit des Neandertalers zeugen Bärenschädel, die man in Höhlen gefunden hat, davon, dass Bären als Opfertiere verwendet wurden. Als es im Mittelalter in Europa noch große Wälder gab, lebten viele Braunbären darin. Aber die rasch anwachsende Bevölkerung hatte zur Folge, dass immer mehr Waldflächen abgeholzt und in Ackerland verwandelt wurden. Dadurch entzog der Mensch den Bären mehr und mehr die Lebensgrundlage, so dass ihre Zahl stark dezimiert wurde. Ortsnamen wie Bern (Schweiz) oder Bernburg (an der Saale) erinnern an das Vorkommen dieser königlichen Tiere. Als großes, mächtiges Tier des Nordens entwickelte es sich zum Symbol von Kraft und Stärke und ist deshalb in vielen Wappen zu finden.

In den Wintermonaten halten die Bären eine Ruheperiode ein, die mehrere Monate dauert. In der Zeit bringt die Bärin ihre Jungen zur Welt, die sie rund vier Monate säugt. Etwa eineinhalb Jahre bleiben die zwei bis drei Jungen bei der Mutter, die sie fürsorglich betreut. Ihre Mütterlichkeit ist geradezu sinnbildlich geworden. Denn obwohl in unserer Sprache das Wort »Bär« einen männlichen Artikel hat, verkörpert er mit seinem gedrungenen Leib und wegen der sorgsamen Betreuung des Nachwuchses eher weibliche Eigenschaften. Auch die braune Farbe des zotteligen Fells betont das weiblich Erdhafte. Es wird sogar berichtet, dass eine Bärin ungeformte Junge zur Welt bringe, die erst durch ihr Belecken ihre spätere Gestalt erlangten.

Bezüglich ihrer Kost sind Bären nicht wählerisch. Sie fressen so ziemlich alles, was sie finden können: Beeren, Gras, Blätter, Honig, Vogeleier, notfalls Kadaver. Bären haben kräftige Kiefer mit starken, kurzen Zähnen. Bei der Nahrungsbeschaffung benutzt der Bär seine Vordertatzen, die wie Hände greiffähig sind, so dass er unter anderem Beeren abpflücken kann. Die Sohlen der Hintertatzen werden fußähnlich aufgestellt. Die Fähigkeit, sich aufzurichten und zu gehen, macht auf den Menschen großen Eindruck und rückt ihn in seine Nähe. Da dem Bären beide Verhaltensweisen zur Verfügung stehen, also auf allen Vieren zu laufen und sich aufzurichten, scheint er sich diesbezüglich im Übergangsbereich von Tier und Mensch zu befinden. Deshalb gibt es wohl auch den uralten Volksglauben der Russen, dass jeder Bär ein verwandelter Mensch sei.

So liegt es nahe, dass der Bär auch in den verschiedenen Märchen eine solche Doppelfunktion hat.

Im Märchen »Schneeweißchen und Rosenrot« (Grimm) ist der Bär für eine lange Zeit der Spielgefährte der beiden Schwestern. Ein böser Zwerg hatte ihn verzaubert. Erst nachdem der Bär diesen getötet hat, wird er aus seiner Verwunschenheit erlöst. Er wirft sein Bärenfell ab und ist wieder der Königssohn, der er ursprünglich war. Daraufhin heiratet er Schneeweißchen.

Auch im vorliegenden Bärenhäuter-Märchen muss der Soldat sieben Jahre lang das Bärenfell tragen, das der Teufel dem erlegten Bären abgezogen hat. In diesem Märchen dient das Fell dem Soldaten als Mantel und als Bett. Er muss es wie eine zweite Haut tragen. Bei zunehmender Verwahrlosung rückt das Tragen der Tierhaut ihn in eine immer größer werdende Tiernähe, zugleich entfernt er sich optisch von seiner Menschenähnlichkeit. Es findet also eine Regression statt.

Da er durch das Bärenfell wie ein »Tiergestaltiger« aussieht, nennt ihn der Teufel »Bärenhäuter«. Dieser Name setzt sich zugleich als Märchentitel durch.

In dieser Verkleidung repräsentiert der Soldat von nun an einen aufrecht gehenden, tierähnlichen Menschen. Als ein solches Mischwesen stellt er einerseits tierische Instinkthaftigkeit, Wildheit und bärenstarke Kraft dar, andererseits fehlen ihm noch alle solche positiven Eigenschaften, die eine Bärin in ihrer liebevollen Mütterlichkeit auszeichnen. Diese weiblichen Fähigkeiten muss er sich noch aneignen. Dazu wird die neue Lebensphase von sieben Jahren dringend benötigt.

4. Der Vertrag mit dem Teufel

Gerade ist sich der Soldat seiner extrem schwierigen Situation bewusst geworden. Er hat seine Lebensbilanz gezogen und sieht für sich keine echte Überlebenschance. In einer Phase, die von Hoffnungslosigkeit, Perspektivlosigkeit und Einsamkeit geprägt ist, erscheint der Teufel als »Retter in der Not«. Im Märchen kommt sehr häufig in einer Krisensituation die Hilfe von außen. Seines grünen Rockes wegen wird der Teufel auch »Grünrock« genannt. Die grüne Farbe deutet auf eine Naturbeziehung hin, aber in Wirklichkeit ist er ein Seelenjäger. Der menschliche Fuß und der Pferdefuß unterstreichen die Zwiespältigkeit seines Wesens. Er hat also eine Doppelnatur wie der Bär. So wird er immer den Umgang und die Nähe zum Menschen suchen, wenn auch nicht aus Menschlichkeit, und gleichzeitig ihnen nicht angehören, weil er der Herr der Finsternis ist. Er repräsentiert die animalische Sinneslust, die Verführungskünste und das Schattenreich der Seele und bildet den Gegenpol zum Menschen.

Der Teufel – oder Luzifer – wurde aufgrund seiner Empörung gegen Gott in die Unterwelt verbannt. Aus dem Himmel verstoßen muss er nun seine Existenz als »Höllenfürst« fristen. Deshalb hält er ständig danach Ausschau, wo er eine menschliche Seele für sich gewinnen und in sein Höllenreich befördern kann. Jede zusätzliche Seele würde seine Macht erweitern und stärken, denn er wetteifert ständig mit Gott.

Auf diesem Hintergrund erklärt es sich, dass er hier im Märchen sofort zur Stelle ist, als sich für ihn eine Chance abzeichnet. Allerdings ist zu vermuten, dass er an der Seele des Soldaten ein besonderes Interesse hat.

Erst seit der Christianisierung hält der Teufel Einzug in die Märchen. Aber Teufel und Dämonen kommen grundsätzlich in allen Kulturen vor.

Die christliche Lehre hat viele Wurzeln, die bis in die Antike zurückreichen. Im alten Ägypten gab es bereits Vorstellungen von einer Hölle mit einem ausgeklügelten System von Strafen. Auch in der griechischen und römischen Antike findet sich eine genaue Beschreibung der Unterwelt – des Hades. Vergil hat im VI. Buch der Aeneis seine Vorstellungen von der Unterwelt ausgeführt. In Dantes »Göttlicher Komödie« ist es wiederum Vergil, der den mittelalterlichen Dichter Dante durch das »Inferno« führt und es ihm erklärt.

Das Auftreten des Teufels hier im Märchen wird ganz konkret dargestellt. Er ist einfach da, weiß um die Notsituation des Soldaten und stellt die Bedingungen, zu denen er bereit ist, den Soldaten aus seiner Notlage herauszuführen. Denn der Teufel weiß sehr genau, wen er vor sich hat. So wie der Teufel die Umstände und die Persönlichkeit des Soldaten einschätzt, ist er davon überzeugt, dass er den Vertrag nach seinen eigenen Vorstellungen durchführen und gewinnen kann.

Der Soldat hingegen sieht gar keine andere Möglichkeit, sein Leben wieder ins Lot zu bringen, als mit der angebotenen Hilfe des Teufels. Er hat so viele Male dem Tod ins Auge gesehen, dass er davor keine Angst hat. Auch hat er mit einem einzigen Schuss den Bären erlegt, ohne sich irritieren zu lassen, und so die »Eingangsvoraussetzung« erfüllt. Damit hat er seine rückhaltlose Härte gegen die Kreatur bewiesen, wenn es darauf ankommt.

Der Soldat weiß genau, wie gefährlich der Vertrag mit dem Teufel ist. Auch wenn er schon oft mit dem Tod konfrontiert war, so hängt er doch am Leben. Denn er ist ein junger Mann, der leben möchte. Aber viel schwerer als der Verlust des Lebens wiegt für ihn der Seelenverlust, weil er ein religiöser Mensch ist. Er weiß, dass das Leben *endlich,* aber die Existenz der Seele »ewig« ist. Deswegen möchte er diesbezüglich auf keinen Fall eine Fehlentscheidung treffen, die er bereuen müsste und die irreversibel wäre. Er ist sich dieser Zusammenhänge sehr bewusst. Selbst wenn er sieben Jahre lang kein »Vaterunser« beten darf, so hat er vielleicht schon eine Idee vor Augen, wie er diesen Zwiespalt auflösen könnte, nämlich nicht zu beten – und trotzdem keinen

Schaden an seiner Seele zu nehmen, indem er diese Aufgabe auf andere Menschen überträgt bzw. übertragen wird. Das ist ein legitimes Mittel. Auf diesen Gedanken kommt der Teufel offenbar nicht, weil das Gebet außerhalb seiner Vorstellungen liegt.

Der Zeitraum von sieben Jahren steht symbolisch für eine bestimmte Lebensphase, die er ohne Abstriche durchhalten muss. Er darf in keinem der genannten Punkte vom Vertrag abweichen. Als Gegenleistung erhält er für den gesamten Zeitraum genug Geld – und, wenn er die sieben Jahre überlebt, auch für den Rest seines Lebens.

Die Gründe, die für die Annahme des Vertrags sprechen, sind schon genannt. Aber warum vermutet der Teufel, dass er diesen Vertrag gewinnen könnte? Er hat viel Macht, ist jedoch nicht Herr über *Leben und Tod*. Er kann alle Mittel, die ihm zur Verfügung stehen, einsetzen, um den Soldaten vom rechten Weg abzubringen und ihn in Versuchung zu führen. Um welche Versuchung kann es hier gehen? Er glaubt, dass ein Mensch, der aus seiner Armut befreit wird, anfällig für das Begehren von Geld und Gut ist. Wenn er immer genug Geld hätte, dann könnte er schnell in eine psychische Abhängigkeit davon geraten, bis sich eine Geldgier entwickelt. Die Geldgier kann sich bis zur Sucht steigern, bis nicht mehr *er,* der Soldat, Herr des Geldes wäre, sondern das Geld ihn beherrschte. Wenn also die Gier nach Geld, mit dem er sich fast alle irdischen Freuden erlauben könnte, so groß wäre, dass er zum Opfer der Versuchung würde, dann hätte der Teufel sein Ziel erreicht. Außerdem weiß der Teufel, dass Geldbesitz die Menschen sehr schnell egoistisch und träge werden lässt. Je mehr Geld und Gut die Menschen haben, umso hartherziger werden sie oft gegen ihre Mitmenschen. Allerdings unterliegt der Teufel hier seinen eigenen Vorstellungen, die er auf den Soldaten projiziert. Diese Projektion wird ihm letztlich zur Falle.

Grundsätzlich wäre es auch denkbar, dass der Soldat die Macht des Geldes missbraucht. Er könnte die Menschen damit bestechen, um sich Vorteile zu verschaffen, oder erpressen und zu negativem Verhalten bringen. Eine weitere Gefahr besteht darin, dass der Soldat die schwierige Prüfung eventuell nicht aushält. Wie soll der Soldat wissen und ahnen, wie sich eine solche Verwahrlosung auf seine Seele und sein Gemüt auswirken wird? Es besteht die Gefahr, in tiefe Depression zu fallen. Die physische Verwahrlosung könnte eine seelische Entgleisung und Selbstaufgabe nach sich ziehen. Die fehlende Hygiene und extreme Verschmutzung könnte ihn auch physisch krank machen. Sieben Jahre lang *alle* Vertragsbedingungen einzuhalten, bedeutet eine unglaubliche Herausforderung. Die Unwägbarkeiten in einem solchen Zeitraum sind unübersehbar. Sich so lange disziplinieren zu können, wie ein Tier herumzulaufen und sich gleichzeitig von menschlichen Lebensgewohnheiten zu entwöhnen, aber dennoch seelisch im Gleichgewicht zu bleiben, ist für den Teufel unvorstellbar. Denn er weiß aus Erfahrung, dass Menschen schnell müde werden und bei der Verfolgung ihrer Ziele oder bei ihren Pflichterfüllungen erlahmen. Die Gefahr des nicht Durchhaltens ist groß. Wie schnell lässt sich der Mensch von einem Augenblick der Schwäche hinreißen und von seinen Idealen abbringen. Dies weiß der Teufel aus jahrhundertelanger Erfahrung im Umgang mit den Menschen. Dann hätte er den Vertrag gewonnen.

Wenn man die verschiedenen Aspekte des Vertrags genau unter die Lupe nimmt, erscheinen sie tatsächlich kaum erfüllbar.

Wer traut es sich zu, die Demütigung einer Tiergestaltigkeit zu ertragen? Sieben Jahre lang von aller menschlichen Gemeinschaft ausgeschlossen zu sein, wer will das auf sich nehmen? Wie kann er eine solche Isolation psychisch verkraften?

Der Soldat nimmt den Vertrag dennoch an, weil er im Krieg gelernt hat, sich zu disziplinieren, Entbehrungen auf sich zu nehmen und einfach durchzuhalten. Bis zu einem gewissen Grad kennt er aus Kriegszeiten auch die körperliche Verwahrlosung. Er bringt also schon viele Fähigkeiten und Voraussetzungen für diese neue Lebensphase mit. Aber er weiß natürlich nicht, wie er sich innerlich verändern wird in der langen Zeit. Wenn überhaupt jemand im Stande ist, den Vertrag durchzustehen, dann hat er als ehemaliger Soldat einige Chancen.

4.1 Was bedeutet der Pakt mit dem Teufel auf einer abstrakteren Ebene?

In Träumen symbolisieren die einzelnen Traumfiguren gewöhnlich die Persönlichkeitsanteile des Träumers. Wenn z.B. die Mutter des Träumers im Traum erscheint, dann steht diese Traumgestalt für die mütterlichen Anteile und Fähigkeiten des Träumers.

Auf Märchen übertragen könnte dies heißen, dass alle Figuren, die im Märchen eine Rolle spielen, auch als Aspekte des Märchenhelden angesehen werden können. Das bedeutet dann, dass alle negativen Seiten des ehemaligen Soldaten auf die Gestalt des Teufels projiziert werden. In der Figur des Teufels treten also alle verdrängten, blockierten und tabuisierten Persönlichkeitsanteile in Erscheinung, die die menschlichen Abgründe ausmachen. In der Gegenüberstellung von Teufel und Märchenheld stoßen die gegensätzlichen Kräfte aufeinander, es begegnen sich das böse und das gute Prinzip. Für Außenstehende sind diese Gegensätze besser zu erkennen, wenn sie als Kontrastfiguren aufeinander treffen.

In Wirklichkeit verhält es sich jedoch so, dass jeder Mensch in sich die Gegensätze von gut und böse vereint. Menschen sind bipolar und zwiespältig. Sie sind hin- und hergerissen zwischen diesen beiden Extremen. Die innere Zwiespältigkeit des Einzelnen ist die Ursache für immer neue Zwietracht zwischen den Menschen und den Völkern. Deswegen ist es so wichtig, dass sich die Menschen ihrer Zwiespältigkeit und Zerrissenheit bewusst werden.

Wenn es, wie hier im Märchen, nun zu einem Pakt mit dem Teufel kommt, dann heißt dies, dass der Soldat ein Bündnis zwischen seinen positiven und negativen Seiten abschließt.

Stellvertretend für den Menschen hat der Märchenheld die Aufgabe, die innere Polarität von Gut und Böse aufzulösen und auszugleichen. Dies geschieht, indem er seine Fehler, Schwächen und die ins Unterbewusstsein verdrängte Destruktivität als

Bestandteil seines Wesens anerkennt. Vor den negativ gelebten Kräften darf er nicht länger die Augen verschließen. Denn das hieße, sich selbst zu belügen. Es gehört viel Mut dazu, sich über die eigenen Schlechtigkeiten klar zu werden. Die Einsicht darüber, aus welchen Beweggründen er im Krieg gekämpft hat und wie unbewusst er anderen Leid zugefügt hat, wird ihn tief berühren und ihm wehtun. Wenn er sich mit diesen inneren Abgründen und Verdrängungen befasst, sozusagen in die »psychische Hölle« hinabsteigt und erkennt, welche Energien dort in negativer Weise gebunden sind, dann können diese Energien durch das Gewahrwerden der Schattenanteile aus ihrem Blockiertsein befreit und für bessere Zwecke verwendet werden. Auf diese Weise wird ein Bewusstwerdungsprozess eingeleitet, der im günstigsten Fall bis zum Lebensende anhält.

Dieses Bündnis zwischen den negativen und positiven Persönlichkeitsanteilen ermöglicht nach einer längeren Leidenszeit eine innere Harmonisierung, aus der der Märchenheld seine spätere Friedfertigkeit, Hilfsbereitschaft und Menschlichkeit bezieht.

Die frei gewordenen Energien ließen sich auch als ein Symbol für Geld annehmen. Wer über freie Energien verfügt, kann sie zum Beispiel für konstruktive Arbeit verwenden, die dem Menschen bezahlt wird. Deswegen ist der Zusammenhang zwischen Energien und Geld nahe beieinander liegend.

5. Die Regression vom Menschen zum Bären

Zeilen 52 – 71

Der Soldat zog den Rock an, griff gleich in die Tasche und fand, daß die Sache ihre Richtigkeit hatte. Dann hing er die Bä-renhaut um und ging in die Welt, war guter Dinge und unterließ
55 *nichts, was ihm wohl und dem Gelde wehe tat. Im ersten Jahr ging es noch leidlich, aber in dem zweiten sah er schon aus wie ein Ungeheuer. Das Haar bedeckte ihm fast das ganze Gesicht, sein Bart glich einem Stück grobem Filztuch, seine Finger hat-ten Krallen, und sein Gesicht war so mit Schmutz bedeckt, daß,*
60 *wenn man Kresse hinein gesät hätte, sie aufgegangen wäre. Wer ihn sah, lief fort, weil er aber allerorten den Armen Geld gab, da-mit sie für ihn beteten, daß er in den sieben Jahren nicht stürbe, und weil er alles gut bezahlte, so erhielt er doch immer noch Her-berge. Im vierten Jahr kam er in ein Wirtshaus, da*
65 *wollte ihn der Wirt nicht aufnehmen und wollte ihm nicht einmal einen Platz im Stall anweisen, weil er fürchtete, seine Pferde würden scheu werden. Doch als der Bärenhäuter in die Tasche griff und eine Handvoll Dukaten herausholte, so ließ der Wirt sich erweichen und gab ihm eine Stube im Hinterge-*
70 *bäude; doch mußte er versprechen, sich nicht sehen zu lassen, damit sein Haus nicht in bösen Ruf käme.*

Der Vertrag zwischen dem Teufel und dem Soldaten ist unter Dach und Fach. Beide Seiten haben sich auf die Bedingungen geeinigt, die jeder erfüllt wissen will. Allerdings ist der Vertrag ohne »Handschlag« beschlossen worden – und schon gar nicht, wie es sonst zuweilen vorkommt, wenn der Teufel mit im Spiel ist, durch eine Blut-Unterschrift besiegelt worden. Also könnte eher von ei-nem Vertrag unter »Ehrenleuten« gesprochen werden nach dem Motto: »Wenn ich etwas zusage, dann gilt mein Wort.« Wer hätte vom Teufel dergleichen erwartet? Auf der psychischen Ebene heißt dies wiederum, dass der Soldat sich *wirklich* und mit ganzer Kraft auf diese innere Auseinandersetzung einzulassen bereit ist. Auch als der Soldat dessen grünen Rock anzieht und somit gewissermaßen in die erweiterte Haut des Teufels schlüpft, erweist es sich, dass der Grünrock nicht gelogen hat. In der Tasche seines Rockes befindet sich so viel Geld, wie der Soldat nur haben mag. Diese Bedingung scheint also erfüllt zu sein. Das beruhigt den Soldaten zunächst. Zwar hat er sich auf einen problematischen Vertrag eingelassen, aber die positive Begleiterscheinung trifft zu, dass er von nun an so viel Geld zur Verfügung haben wird, wie er nur will. Seine Geldsorgen ist er nun erst einmal los. Das erleichtert ihn. Der Teufel ist also ein »ehrlicher« Vertragspartner, und er ist derjenige, der *zuerst* sein Versprechen erfüllt, denn ob und wann er die Seele des Soldaten erhält, steht dahin. Wie sich die neue, sieben Jahre während Lebensphase gestalten mag, wird sich finden. Er hat für diese Zeit wenigstens sein Auskommen. Arme Menschen glauben sich schon beinahe in einen paradiesischen Zustand versetzt, wenn sie denn nur genügend Geld hätten. Befragt man die Menschen, was ihnen das Wichtigste im Leben ist, so antworten viele: Geld. Mag es für andere Gesundheit, Liebe oder Zufriedenheit sein, so spielt Geld doch eine große Rolle im Leben. Vor allem in unserer Wohlstandsgesellschaft hat Geld einen hohen Stellenwert. Denn selbst der Idealist möchte meist nicht auf eine finanzielle Sicherheit verzichten. Geld ist zugleich ein Symbol für Macht und Einfluss. Wer zur Schau trägt, dass er genug Geld hat, findet bei vielen Menschen Anerkennung und mitunter Bewunderung, jedoch auch Neider. Viele Geldleute gewinnen dadurch »Freunde«, dass sie großzügig mit ihrem Geld umgehen, Einladungen aussprechen, Geschenke machen, aber meist sind diese ebenso schnell wieder verschwunden, wenn sie dann aus irgendwelchen Gründen verarmen oder ihre Großzügigkeit einstellen.

Oft wird der Besitz von Geld auf einer unbewussten Ebene mit dem Wert einer Person gleichgesetzt, obwohl dies *nicht* miteinander korrelieren muss. Der Schein trügt oft, denn nicht die

Tatsache, dass jemand über genug Geld verfügt, macht ihn zu einem »wertvollen« Menschen, sondern nur das Entwickeln von eigenen Werten kann ihm dazu verhelfen. So muss ein bescheidener Mensch, der sehr wertvoll ist, also über viele menschliche Qualitäten verfügt, nicht unbedingt reich sein.

Wer nach Geld aussieht, erhält gewöhnlich mehr Beachtung in unserer Gesellschaft. Die meisten Menschen sind dafür empfänglich. So ist der Wunsch nach Geld weit verbreitet. Wenn man die Zeitung liest, kann man beobachten, wie viele Menschen für Bestechungsgelder offen sind. Mehr scheinen zu wollen als zu sein, ist das unbewusste Bestreben vieler Menschen. Was verbirgt sich dahinter? Meist ist es ein geringes Selbstwertgefühl und das Bedürfnis nach Zuwendung, das durch eine große Menge Geld kompensiert werden soll. Wenigstens einmal im Leben sich alle materiellen Wünsche erfüllen zu können, durch Luxus zu glänzen und sich alles gönnen zu können, was das Herz begehrt, ist für viele ein Lebenstraum. Warum spielen sonst so viele Menschen Lotto? Der lange unterdrückte Lebenshunger kann durch Geld – vorübergehend – gestillt werden. Wenn jemand zu Geld gekommen ist, nachdem dies jahrelang sein größter Lebenstraum war, dann stellt er möglicherweise fest, dass das Geld keineswegs die anderen Lebensbedürfnisse zu ersetzen vermag, wie zum Beispiel Freundschaften, Zuwendung oder gar Liebe. Einen seelischen und geistigen Reichtum erwirbt er sich durch Geld nicht.

Wenn ein Mensch begreift, dass Geld ihm die ideellen Wünsche und Bedürfnisse nicht erfüllt, ist er enttäuscht. Es gibt Menschen, die sehr reich sind und sich trotzdem einsam und unglücklich fühlen. Aber da man sich grundsätzlich viele Wünsche mit Geld erfüllen kann, steht es in dem Ansehen, als genügte Geld *allein,* um damit glücklich werden zu können.

Immerhin hat der Soldat von nun an keine Geldsorgen mehr. Das entlastet ihn sehr. Er muss weder hungern noch frieren. Zugleich ist er froh, dass der Teufel diese Vertragsbedingung eingehalten hat. Also ist er keinem Betrüger aufgesessen. Dies ist in der damaligen Zeit – wie auch heute – außerordentlich viel wert. Mit dem Geld stehen ihm viele Möglichkeiten offen, und er kann sich viele bezahlbare Wünsche erfüllen. Auf einer psychischen Ebene, so könnte man sagen, zahlt es sich von Anfang an aus, wenn man sich seiner verdrängten, blockierten und zum Teil tabuisierten Persönlichkeitsanteile annimmt. Denn der Mensch lebt »ehrlicher« mit sich selber, wenn er um seine Fehler weiß und sie nicht länger verdrängen und kaschieren muss.

Seinerseits erfüllt er die vom Teufel gestellte Bedingung, nämlich das Bärenfell zu tragen. Nach außen repräsentiert er nicht mehr sich selbst, sondern Tierisches und Teuflisches. Optisch wird er nun zum Bärenhäuter, nach dem das Märchen benannt ist. Als Bärenhäuter hat er seinen Körper, der das Gewand des Teufels zur Schau stellt, gewissermaßen dem Teufel »verpfändet«. Er befindet sich in großer Abhängigkeit vom Teufel, weil er von dessen »teuflischem« Geld lebt. Er repräsentiert zugleich alles das, was wir unter dem Synonym »Teufel« verstehen, nämlich alles, was wir zu »verteufeln« pflegen.

Mit dem Geld und der Bärenhaut, die er trägt, hat er sich für die nun folgende Zeit viel Freiheit erworben. Er kann tun und lassen, was er will, sofern er die ausgemachten Bedingungen erfüllt. Also geht er in die Welt und kann vermutlich eine Zeit lang sein Leben bedingt genießen. Er kann sich alles leisten, wozu er Lust und Laune hat, denn er kann seine Zeche und seine Rechnungen überall bezahlen. Diese finanzielle Freiheit ist ihm zunächst mehr wert als jene, die er nach der Entlassung von seinem Hauptmann gewonnen hat. Anfangs stellt sie eine Ausweitung seiner Lebensmöglichkeiten dar, sie ist in einem gewissen Sinn eine »Bereicherung«. Wenn er nicht auch die anderen Bedingungen zu beachten hätte, könnte er diese Zeit als sehr positive Wanderjahre betrachten. Das erste Jahr dieser neuen Lebensphase vergeht, ohne dass er allzu sehr zu leiden gehabt hätte. Er wird so einigermaßen bei guter Stimmung geblieben sein. Er konnte sich manches gönnen und sich verwöhnen. Aber als die körperlichen

Veränderungen immer weiter zunahmen, spürte er vor allem an der Reaktion all der Menschen, denen er begegnete, dass er immer abstoßender auf sie wirkte. Seine Fingernägel entwickelten sich zu Krallen. Der Haarwuchs war stark und bedeckte große Flächen im Gesicht, das zudem von einer Schmutzschicht überzogen war. Der Schmutz formte das Gesicht zu einer Maske, die seine individuellen Gesichtszüge kaschierte. Seine Mimik blieb darunter verborgen. Dadurch verlor er seinen persönlichen Ausdruck. Wegen der mangelnden Hygiene nahm er einen unangenehmen Körpergeruch an. Er mutierte zum »Ungeheuer«, das eher einem Wesen der Unterwelt glich als einem Menschen. Der teuflische Einfluss wurde so unübersehbar und steigerte sich mit der Zeit zu einer großen Ähnlichkeit mit dem Teufel, sodass beinahe nur noch der Pferdefuß fehlte, aber in seinem Inneren bildete er eine intensivere Nächstenliebe und Hilfsbereitschaft aus.

Aufgrund der zunehmenden Tier- und Teufelähnlichkeit rannten die Menschen, die ihn sahen, fort oder wandten sich von ihm ab. Viele hatten Angst vor ihm. Das verletzte seine Gefühle. Sie wussten nicht, wofür sie ihn halten sollten. Dies führte dazu, dass er immer mehr auf sich allein gestellt war. Es beginnt eine fast unerträgliche Phase der Einsamkeit und Isolation. In all den fremden Hüllen lebt er von sich selbst entfremdet wie in einem Gefängnis. Vielleicht muss man trotzdem fragen, welchen Vorteil ihm die abstoßende Verkleidung bringt. Denn »Hässlichkeit« bei der eigenen Präsentation führt immerhin dazu, dass man ihn in Ruhe lässt, ihn gewähren lässt und Abstand zu ihm hält. Vielleicht benötigt er für seine Reifung diese Isolation, dieses Auf-sich-selbst-Gestelltsein. Die starken Reaktionen der Menschen verursachen in ihm zwangsläufig eine innere Auseinandersetzung. Mag er zunächst wegen seiner finanziellen Unabhängigkeit eine gewisse Stabilität seines Selbstwerts erlebt haben, so dürfte es in der Folgezeit diesbezüglich schlecht um ihn bestellt gewesen sein. Ein Mensch zu sein, dem alle Welt ausweicht, vor dem andere schreiend und kreischend davonlaufen, dürfte Schwierigkeiten haben, sich mit diesen neuen Gegebenheiten zurecht zu finden und sich selbst zu akzeptieren. Er wirkt wie ein Gespenst, mit dem niemand Kontakt haben möchte. Er stößt auf Abwehr und Ablehnung, die kaum zu ertragen sind. Wenn er nicht das viele Geld gehabt hätte, mit dem er allerorten den Armen aushelfen konnte, damit sie für sein Seelenheil und seine Gesundheit beteten, dann hätte er noch nicht einmal diesen Kontakt gehabt. Seine menschliche Stimme, der Augenkontakt und der aufrechte Gang sind so ziemlich die einzigen Erscheinungsformen, die ihn noch als Menschen kennzeichnen. Die Stimme ist das Organ, mit dessen Hilfe er die Verbindung zu seiner Umwelt herstellen kann, sie ist ein Kontaktorgan. Das Sprechen zu den anderen ist eine merkurische Fähigkeit, die wenigstens ein dünnes Band zu den armen Menschen herstellt. Richtige Gespräche wird er kaum noch geführt haben. Aber in seinem Innern wird er sich mit vielen armseligen menschlichen Existenzen beschäftigt haben. Er erlebt nun eine lange Zeit der Kontaktarmut und vermag nur noch hier und da eine kurze, flüchtige Beziehung zu den Menschen, die auf sein Geld und seine Hilfe angewiesen sind, herzustellen. Diese werden auf ihn aufmerksam und werden ihn beachten. Dieser »Minimalkontakt« wird ihnen gewissermaßen »bezahlt«, denn sie erbringen dafür eine Gegenleistung, indem sie für seine Gesundheit und für sein Seelenheil beten. Darin liegt ein Ausgleich. Zusammenfassend lässt sich sagen: Geld hat er zwar unbegrenzt, aber dafür ist er sozial ausgegrenzt.

Dennoch – so menschen-unwürdig sein Erscheinungsbild auch sein mag, er hatte bis zum vierten Jahr keine Schwierigkeiten, eine Herberge zu finden, weil er jeden Preis dafür bezahlen konnte. Zu jeder Jahreszeit ein Dach über dem Kopf zu haben, davon mag bei uns – in einem so wohlhabenden Land – mancher Obdachlose nur träumen. Insofern geht es unserem Märchenhelden beinahe besser. Zudem kann er stets eine warme Mahlzeit bezahlen, wann immer er sie haben möchte. Auch diesbezüglich geht es den Obdachlosen heutzutage schlechter. Das schlechte soziale Ansehen dürfte bei dem Bärenhäuter und den Obdachlosen ähnlich sein.

Denn wer sucht schon den Kontakt zu Letzteren? Sie sind Ausgegrenzte wie der Märchenheld, verfügen jedoch nicht über eine solche magische Geldquelle, mit der sie sich einen warmen Schlafplatz, eine hinreichende Ernährung und medizinische Versorgung leisten können. Während Obdachlosigkeit oft ein Schicksal ohne zeitliche Begrenzung ist, hat der Bärenhäuter die Gewissheit, dass er diese Verwahrlosung »nur« sieben Jahre, also zeitlich begrenzt, aushalten muss. Das ist ein großer Vorteil für ihn.

Erst in dem Augenblick, als ein Wirt ihn nicht mehr aufnehmen will, weil er um sein Ansehen im Ort fürchtet, gelangt der Bärenhäuter an einen seelischen Tiefpunkt. Eine so starke Ablehnung und Ausgrenzung hatte er bis zu diesem Zeitpunkt noch nicht erfahren. Das erschreckt ihn, aber inzwischen kennt er die Menschen und auch die Wirtsleute besser und weiß, dass *mehr* Geld auch diesen Wirt erweichen kann. Bei einem hohen Preis für eine geringe Gegenleistung werden die meisten Menschen schwach. An diesem Beispiel wird die große Verführbarkeit der Menschen durch Geld wiederum deutlich. Daran hat sich bis heute nichts geändert. Er zeigt eine Hand voll Dukaten vor und erhält auch dieses Mal eine Unterkunft, wenn auch nur eine Stube im Hintergebäude, wo er ungesehen ein- und ausgehen kann. Der Wirt möchte sich nicht blamieren und sich nicht fragen lassen, welches Ungetüm bei ihm wohl nächtige. Ein solcher Gast könnte »dem Ansehen seines Hauses« schaden.

6. Krisensituation

Zeilen 72 – 93

Als der Bärenhäuter abends allein saß und von Herzen wünsch-
te, daß die sieben Jahre herum wären, so hörte er in einem Ne-
benzimmer ein lautes Jammern. Er hatte ein mitleidiges
75 *Herz, öffnete die Türe und erblickte einen alten Mann, der heftig*
weinte und die Hände über dem Kopf zusammenschlug. Der
Bärenhäuter trat näher, aber der Mann sprang auf und wollte
entfliehen. Endlich, als er eine menschliche Stimme vernahm,
ließ er sich bewegen, und durch freundliches Zureden
80 *brachte es der Bärenhäuter dahin, daß er ihm die Ursache sei-*
nes Kummers offenbarte. Sein Vermögen war nach und nach
geschwunden, er und seine Töchter mußten darben, und er war
so arm, daß er den Wirt nicht einmal bezahlen konnte und ins
Gefängnis sollte gesetzt werden. »Wenn Ihr weiter keine Sorge
85 *habt«, sagte der Bärenhäuter, »Geld habe ich genug.« Er ließ den*
Wirt herbeikommen, bezahlte ihn und steckte dem Unglücklichen
noch einen Beutel voll Gold in die Tasche. Als der alte Mann sich
aus seinen Sorgen erlöst sah, wußte er nicht, womit er sich dank-
bar erweisen sollte. »Komm mit mir«, sprach er zu
90 *ihm, »meine Töchter sind Wunder von Schönheit, wähle dir eine*
davon zur Frau. Wenn sie hört, was du für mich getan hast, so
wird sie sich nicht weigern. Du siehst freilich ein wenig seltsam
aus, aber sie wird dich schon wieder in Ordnung bringen.«

Zu Beginn dieses Kapitels erreicht der Bärenhäuter den größten Tiefpunkt seiner bisherigen Bärenhäuter-Existenz. Er befindet sich in einer Krisensituation, die nach fast vier Jahren des Herumzie-hens eingetreten ist.

Die optische Erscheinung, die er nun erlangt hat, weicht inzwi-schen so stark von der eines menschlichen Wesens ab, dass eine Verwechselbarkeit mit einem richtigen Bären erreicht ist. Seine gesamte Umwelt hat zumindest große Zweifel daran, ob er noch ein Mensch sei. Wie sich gezeigt hat, ist es immer schwieriger geworden, überhaupt noch ein Quartier zu bekommen, aber noch problematischer ist es, geachtet zu werden. Die meisten Menschen sind »Augenmenschen« und reagieren auf den optischen Eindruck, den jemand macht.

Zu diesem Zeitpunkt des Märchens verkörpert der Bärenhäuter seine Tiergestaltigkeit am stärksten. Nach außen wirkt er, so schmutzig, behaart und verkommen wie er ist, so tierisch, wie er bislang noch nicht ausgesehen hat. Die dunklen Persönlichkeitsanteile scheinen sich ganz nach außen gekehrt zu haben und sind für die Außenwelt sichtbar geworden. So muss er es aushalten, verachtet wie ein Tier zu leben. Ein Tier ist weit mehr als der Mensch auf seine Instinkte angewiesen. Als Menschen fühlen wir uns nahezu degradiert, wenn wir unsere Instinkte leben sollen. Wir empfinden diese meist als primitiv und vermissen dabei den Verstand und die Vernunft. Obwohl instinktives Verhalten in der Tierwelt ein *artgerechtes* Verhalten darstellt, erscheint uns – bezogen auf den Menschen – ein solches als zu festgelegt, also als zu unfrei. Wir Menschen wollen unsere Entscheidungsfreiheit behalten und mit Hilfe des Kopfes die Lebenssituationen so steuern, wie wir meinen, dass sie gut für uns wären.

Aber dabei unterliegen wir oft einer Täuschung. Denn tatsächlich veranlasst der Verstand uns Menschen häufig zu solchen Entscheidungen, die uns gar nicht gut tun. Wenn zum Beispiel ein junger Mensch sagt, er möchte einen bestimmten Beruf erwerben, weil dieser in der Gesellschaft von hohem Ansehen begleitet ist und er vielleicht auch viel Geld mit ihm verdienen könne, dann muss diese Entscheidung für ihn dennoch nicht richtig sein. Die Eltern raten ihm vielleicht dazu, weil die Argumente stimmig zu sein scheinen. Aber was würde er wirklich tun wollen aufgrund der vorhandenen Begabungen und seiner gefühlsmäßigen Neigungen? Diese gehen oft in eine ganz andere Richtung. Ein Mensch, der seine individuellen Veranlagungen, seine Talente und Gefühle zu sehr bei der Berufswahl außer Acht lässt, wird auf lange Sicht nicht die Erfolge im Beruf erreichen, die er sich vorgestellt hat. Wenn dagegen jemand im Einklang mit seinen Fähigkeiten und Gefühlen einen Beruf gewählt hat, dann wird er darin viel eher etwas Ordentliches leisten können und Zufriedenheit erlangen.

Bisher hat der Bärenhäuter einen Beruf ausgeübt, den er aus Gründen der Notwendigkeit gewählt hat. Es war eben Krieg, und er hatte bis dahin keinen anderen Beruf erlernt. Was hätte er auch tun sollen? Die einzige Möglichkeit, sich über Wasser zu halten, war die Ausübung des Kriegshandwerks. Also nicht die innere Überzeugung oder eine freie Entscheidung trieb ihn dazu und schon gar nicht die Lust am Töten, sondern die reinste Notwendigkeit wegen der fehlenden Alternativen. Wäre er dem reinen Instinkt gefolgt, hätte er kein Soldat werden dürfen, weil der Mensch seine Artgenossen nicht töten darf. Da er aber bis zu diesem Zeitpunkt seines Lebens gar keine Wahl gehabt hat zu entscheiden, ob er so oder anders hätte leben wollen, musste er sich bislang nur nach den Notwendigkeiten richten. Solange er Soldat war, konnten viele Persönlichkeitsanteile noch gar nicht gelebt – und somit auch nicht entwickelt werden. Im Schlachtgetümmel konnte er sich nicht fragen, ob sein Handeln moralisch richtig und ethisch gerechtfertigt wäre, sondern wenn er überleben wollte, musste er sich seiner Haut wehren, geschickt und schnell agieren. Aber nun – als Tierwesen auf der Wanderschaft – werden ganz andere Fähigkeiten von ihm verlangt, wenn er die Zeit der gesellschaftlichen Ablehnung, der Geringschätzung und Verachtung durchstehen will. Da muss er von sich aus auf die Menschen zugehen. Dazu braucht er ein Gespür für das Wohlergehen oder Unwohlsein seiner »Mitmenschen«. Er muss wachsam beobachten, wie es um die anderen bestellt ist. Er muss seine Wahrnehmungen und seine Sensibilität schulen, um merken zu können, was den anderen fehlt. Sein Herz und sein Mitgefühl sind gefragt, die ihn befähigen, immer wieder Kontakt zu seinen Mitmenschen herzustellen und eine Brücke zu seinem Nächsten zu schlagen. Die fast vierjährige Zeit der Selbstbesinnung lässt das Interesse an den Menschen in seinem jeweiligen Umfeld größer werden. In einer Zeit, als er zutiefst in seiner Tierähnlichkeit verhaftet ist, hilft ihm sein Überlebenstrieb, sich aus seiner Isolation hervorzuwagen. In seiner eigenen tiefen Krise hat er nun ein waches Ohr für die seelische Not des armen, alten Mannes im Nachbarzimmer. Im eigenen Tief ist er besonders offen für den großen Jammer des Fremden. Aufgrund des eigenen Leides hat er die nötige Antenne für dessen große Sorgen. So betritt er das Nachbarzimmer und ist erschüttert. Er verhielt sich nicht etwa wie die Pechmarie in »Frau Holle«, die sich von ihrem Umfeld nicht angesprochen fühlt (reife Äpfel, gebackenes Brot).

Da sich der Bärenhäuter während der ganzen Leidenszeit ein warmes Mitgefühl erhalten bzw. es noch weiter entwickelt hat, möchte er herausfinden, was es mit dem lauten Weinen des alten Mannes auf sich habe. In bester Absicht nähert er sich dem unglücklichen Fremden, aber da geschieht etwas, was bisher noch nicht da gewesen ist, nämlich dass der Alte wegen der optischen Erscheinung des Bärenhäuters voller Schrecken aufspringt und weglaufen will. Solche panische Angst hat er bisher bei Fremden noch nicht ausgelöst. Die Wirkung seiner tierähnlichen Gestalt ist schockierend und einfach abstoßend.

Er, der helfen will aufgrund seines lebendigen Herzens, erfährt durch diese Reaktion, die er auslöst, Angst und Schrecken. Das trifft ihn tief. Er muss erfahren, dass er, der einem Menschen so unähnlich geworden ist, die Abwehrreaktion des Alten aushalten muss, denn im Verhalten der Umwelt spiegelt sich das eigene Wesen. Es erschüttert ihn, dass er in einem solchen Augenblick, in dem er dem anderen helfen will, abgelehnt wird. Das verletzt ihn sehr. An der Reaktion des Alten bekommt er zu spüren, wie sehr er sich verändert haben muss. Er weiß ja, dass er ein Mensch ist, aber er wird von der Umwelt nun nicht mehr für einen solchen gehalten. Das berührt ihn deshalb so tief, weil er in allerbester Absicht auf den Fremden zugegangen ist. Aus reiner Menschlichkeit möchte er dem unglücklichen Alten helfen, aber »Menschlichkeit« ist einem »Tiergestaltigen« nicht anzusehen, darin liegt der Widerspruch und es offenbart sich seine Doppelnatur.

In dieser Situation vermag er nur noch das Eine ins Spiel zu bringen, was ihn als Menschen kennzeichnet, nämlich seine Stimme. Erst durch die Stimme und das Wort, das er an sein Gegenüber richtet, aber zugleich auch durch die darin enthaltene Herzenswärme, mit der er zum Alten spricht, beruhigt sich der Fremde. Dieser merkt, dass nicht ein Bär, sondern ein hilfreicher Mensch mit ihm redet. Miteinander zu sprechen und sich austauschen zu können, wird zur gemeinsamen Grundlage ihres zwischenmenschlichen Kontakts. Als diese geistige Brücke über das Wort und die emotionale über das Mitgefühl hergestellt ist, erfährt der Bärenhäuter die traurige Biografie des alten Mannes und stellt fest, wie bedürftig und unglücklich er ist. Vermutlich ist es für ihn seit Jahren das erste ausführliche Gespräch von »Mensch« zu Mensch.

Im Buddhismus gibt es vor allem vier Ziele, die der Mensch anstreben solle, nämlich die Güte *(metta),* das Mitleid *(Karuna),* die mitfühlende Freude *(mudita)* und die Bedachtsamkeit *(upekkha).* Von diesen sind es zwei, die der Bärenhäuter in dieser Situation lebt. Er bringt dem Alten Güte und Mitleid entgegen.

Das, was für den Alten der Ruin bedeutet und ein grenzenloses Unglück darstellt, nämlich kein Geld zur Finanzierung der dringenden Lebensbedürfnisse zu haben, ist für den Bärenhäuter kein Problem mehr. Allerdings verhält es sich erst so, seit er den Vertrag mit dem Teufel geschlossen hat. Denn vor diesem Zeitpunkt befand er sich in einer ähnlich verzweifelten Lage. Schließlich wusste er nach dem Friedensschluss auch nicht, wovon er leben sollte. Aber zu diesem Zeitpunkt, als der Alte so verarmt ist, hat der Bärenhäuter die Armut bereits überwunden. Denn nun hat er ja so viel Geld, dass er es gar nicht aufbrauchen kann. Aufgrund der eigenen Lebenserfahrung hat er allerdings viel Verständnis für die Situation des alten Mannes.

Der Geldbesitz des Bärenhäuters stellt eine materielle Überlegenheit gegenüber der Situation des Alten dar. Zwar sieht der
Bärenhäuter aus wie ein Bär, aber dafür kann er jede Rechnung
begleichen. Auf diese Weise gelangt er in die Rolle des Geben-
den. Er kann die ganze Familie des Alten von deren finanziellen
Schulden befreien und tut es, ohne lange zu überlegen. Nicht
nur, dass er alle angesammelten Schulden beim Wirt ausgleicht,
sondern er gibt ihm darüber hinaus noch einen Beutel voll Gold,
damit der Alte auch in Zukunft seine Familie unterhalten kann.
Diese Hilfe des Bärenhäuters kommt so spontan und ist so fun-
damental, dass der alte Mann sein Glück gar nicht so schnell
fassen kann. Das magisch zufließende Geld des Bärenhäuters
bewirkt hier die »wunderbare« Befreiung von allen finanziellen
Sorgen des Alten, der nicht wissen kann, woher der unermüdliche
Geldstrom kommt. Dieses Geschehen, das in den Augen des alten
Mannes einem Wunder gleichen mag, ist insofern eines, als der
Bärenhäuter ein so offenes Ohr gehabt hat, dass er überhaupt
das vehemente Weinen und Klagen bemerkt und dementspre-
chend gehandelt hat. Er hätte den Alten auch unbeachtet lassen
und gleichgültig bleiben können. Da er in dieser Lebensphase
über genug Geld verfügt, hätte er bezüglich der Leiden anderer
Menschen ganz unfühlsam geworden sein können wie es seine
Brüder ihm gegenüber gewesen sind. Er hätte sich von dem vielen
Geld allen nur denkbaren Luxus leisten können, ohne an andere
Menschen zu denken. Denn wie wir wissen, geschieht es häufig,
dass Menschen, wenn sie erst einmal zu Geld gekommen sind,
mit den Armen nichts mehr zu tun haben möchten. Sie sagen sich
dann genau von denen los, aus deren Kreisen sie kommen. Wer
will schon noch daran erinnert werden, was er nie geschätzt hat
und notgedrungen überwunden oder hinter sich gelassen hat?
Hier beim Bärenhäuter überwiegt aber ganz entschieden das mitfühlende Herz gegenüber schweren Schicksalsschlägen anderer
Menschen. Der Bärenhäuter zeichnet sich in dieser Situation durch
Herzenswärme, Mitgefühl und Mitverantwortung aus. Er reagiert

ohne zu zögern und mit voller Überzeugung. Er fragt auch nicht, ob er dafür in irgendeiner Weise eine Gegenleistung erhält. Das ist ihm vollkommen gleichgültig. Insofern ist dieses bedingungslos erbrachte gute Werk ein sehr positives Beispiel von christlicher Nächstenliebe. Indem er sich so verhält, hat er zugleich etwas von seiner Mitmenschlichkeit entfaltet. Die ist wichtig, um sich vom Soldaten allmählich zum Märchenhelden zu entwickeln. Dieser Aspekt bezieht sich auf die Ausbildung seiner mehr weiblichen Seiten, der Anima, wie C. G. Jung sie bezeichnet. Nur wenn er diese weiblichen Anteile in sich zulässt, kann ihm in der Welt die passende Frau begegnen. Offenbar ist der Bärenhäuter erst zu diesem Zeitpunkt so wach und offen für die Not anderer, dass er zum Retter einer ganzen Familie zu werden vermochte.

So paradox es klingt, er kann nun durch die Hilfe des Teufels seine inneren Werte entwickeln und sie nach außen sichtbar werden lassen. Der Teufelspakt wirkt sich auf seine Persönlichkeitsentwicklung wie ein Katalysator aus. Der materielle Wert, also das Geld aus der Rocktasche, hat auf der menschlichen Ebene seine Entsprechung im Mitgefühl und in der Hilfsbereitschaft, die er dem Fremden gegenüber zeigt und in die Tat umsetzt.

Obgleich der Bärenhäuter seine Hilfe ohne jede Bedingung erbracht hat, auch ohne etwas dafür zu *erwarten,* hat der alte Mann Schwierigkeiten, diese Befreiung von aller materiellen Not einfach nur anzunehmen. So überlegt er blitzschnell, auf welche Weise er sich dafür erkenntlich zeigen könnte. Was könnte dem Bärenhäuter fehlen, wenn dieser »Tiermensch« so aussieht, wie er eben aussieht? Vermutlich hält ihn der Alte einfach nur für ungepflegt und extrem nachlässig gegenüber dem äußeren Erscheinungsbild. Bei Männern kommt es sicher eher vor, dass jemand so wenig auf sein Äußeres Acht gibt. Ihm erscheint der Bärenhäuter – ähnlich wie uns Heutigen – wie ein heruntergekommener »Obdachloser«. Die Verwahrlosung stößt ihm auf. Er hat sich ja sehr erschrocken beim ersten Anblick des Bärenhäuters, hat vielleicht sogar etwas Ekel empfunden. Aber als dessen Stimme zu ihm sprach, verloren sich seine Ängste und er beruhigte sich allmählich. Zwar war er entsetzt über das ungewöhnliche Erscheinungsbild, aber den *Menschen* in all den »verfremdenden Hüllen« akzeptierte er. Denn als er sich später zu dieser Begegnung äußert, sagt er nur: »Du siehst freilich ein wenig seltsam aus.« Das ist sehr milde ausgedrückt, weil er inzwischen durch die Stimme des Bärenhäuters und seine Hilfsbereitschaft vollkommen beschwichtigt ist.

Der alte Mann erklärt sich dieses seltsame Aussehen damit, dass der Bärenhäuter keine Frau hat. Denn eine Frau könnte eine solche Verwahrlosung wieder wett machen, glaubt er. Er ahnt ja nicht, welche Bewandtnis es mit seinem Aussehen hat. Für ihn ist es einfach zu erklären: Wenn jemand so absolut keinen Sinn für seine Kleidung, seine Körperpflege und Hygiene hat, dann kann es mit der Vernachlässigung eben so weit kommen, dass ein Mann zu einem Bären oder zu einem Wolf regrediert. Dergleichen ist ja immer mal vorgekommen. Bekannt sind solche Beispiele wie der Berserker oder der Werwolf. Berserker sind Krieger, die Bärenfelle tragen und sich aufgrund von – wahrscheinlich – Drogenkonsum wie tobsüchtig gebärden. Ein Werwolf ist ein blutrünstiger Mensch, der optisch einem Wolf ähnelt *(Werwolf* = Mann-Wolf).

Aber wenn der Bärenhäuter eine Frau heiratete, dann – so glaubt der Alte – würde sich sein Aussehen bald ändern. Deswegen macht er ihm den Vorschlag, zu ihm nach Hause zu kommen. Er hat drei Töchter, die alle sehr schön sind. So müsste sich eine von ihnen finden lassen, die der Bärenhäuter ehelichen könnte. Sie würde ihn wieder zum Menschen machen. Wenn alles in seine geordneten Bahnen käme, dann wäre das optische Problem sicher ganz schnell zu lösen. Dies zumindest dürfte in den Vorstellungen des alten Mannes so aussehen. Er geht sogar noch einen Schritt weiter, indem er als Vater der drei Töchter davon ausgeht, dass diese zwar mit seinem Erscheinungsbild Schwierigkeiten haben könnten, wenn sie dann aber wüssten, was der Bärenhäuter für seine Familie getan hat, dann müsste eine von ihnen in eine Ehe mit dem Bärenhäuter einwilligen. Darin unterliegt er als Vater aber schnell der Projektion, dass das Aussehen zweitrangig gegenüber der Hilfsbereitschaft wäre, die der Bärenhäuter erbracht hat. Diese rationalen Überlegungen überlagern den ersten Eindruck, den er vom Bärenhäuter gewonnen hat.

7. Die Brautschau

Zeilen 94 – 116

Dem Bärenhäuter gefiel das wohl, und er ging mit. Als ihn die
95 *älteste erblickte, entsetzte sie sich so gewaltig vor seinem Antlitz,*
daß sie aufschrie und fortlief. Die zweite blieb zwar stehen und
betrachtete ihn vom Kopf bis zu den Füßen, dann aber sprach
sie: »Wie kann ich einen Mann nehmen, der keine menschliche
Gestalt
100 *mehr hat? Da gefiel mir der rasierte Bär noch besser, der einmal*
hier zu sehen war und sich für einen Menschen ausgab, der
hatte noch einen Husarenpelz an und weiße Handschuhe. Wenn
er nur häßlich wäre, so könnte ich mich an ihn gewöhnen.« Die
jüngste aber sprach: »Lieber Vater, das muß ein guter
105 *Mann sein, der Euch aus der Not geholfen hat; habt Ihr ihm dafür*
eine Braut versprochen, so muß Euer Wort gehalten werden.«
Es war schade, daß das Gesicht des Bärenhäuters von Schmutz
und Haaren bedeckt war, sonst hätte man sehen können, wie
ihm das Herz im Leibe lachte, als er diese Worte hörte.
110 *Er nahm einen Ring von seinem Finger, brach ihn entzwei und*
gab ihr die eine Hälfte, die andere behielt er für sich. In ihre Hälf-
te aber schrieb er seinen Namen, und in seine Hälfte schrieb
er ihren Namen und bat sie, ihr Stück gut aufzuheben. Hierauf
nahm er Abschied und sprach: »Ich muß noch drei
115 *Jahre wandern, komm' ich aber nicht wieder, so bist du frei, weil*
ich dann tot bin. Bitte aber Gott, daß er mir das Leben erhält.«

Der Bärenhäuter hatte zwar dafür, dass er den Alten von allen seinen finanziellen Sorgen befreit hat, mit keinerlei Belohnung gerechnet, aber das Versprechen, ihm seine drei Töchter vorzuführen und ihm eine davon zur Frau zu geben, nimmt er freudig an. Aufgrund der geleisteten Wohltat für andere, also für ganz fremde Menschen, ergibt sich für ihn plötzlich eine neue Lebensperspektive, an die er bisher gar nicht gedacht hat. Gerade zu einem problematischen Zeitpunkt in seinem Leben, als er tief betrübt und depressiv ist, beginnt für ihn die Wende. Wie sollte er ausgerechnet in einer Zeit, als er ein Höchstmaß an Verwahrlosung erreicht hat, auf Brautschau gehen sollen? Auf diese Idee wäre er von sich aus wohl gar nicht gekommen. Im Märchen wie in der Realität geschieht häufig das, was man am wenigsten erwartet, weil man das Problem losgelassen hat. Da ist zum Beispiel eine Witwe, die jahrelang ohne Partner gelebt und zudem eine schwere Krankheit bekommen hat, die glaubte, dass ihr das Leben nicht mehr viel zu bieten hätte. Sie fährt wegen ihrer Erkrankung in ein Sanatorium und sitzt bei den Mahlzeiten mit einem netten älteren Herrn am Tisch. Sie kommen ins Gespräch, täglich drei Mal und merken, dass sie viele Gemeinsamkeiten haben. Kurz und gut, es entsteht eine Freundschaft, die auch nach der Sanatoriumszeit fortbesteht.

Das wäre das Licht am Ende eines Tunnels, auf das man nicht mehr zu hoffen gewagt hat. Der Bärenhäuter in der Phase der tiefsten Isolation und Einsamkeit durchbricht seine Zurückgezogenheit, indem er auf den hilfsbedürftigen Alten zugeht, ihn aus seiner finanziellen Krise befreit und dafür aus Dankbarkeit eine Braut bekommen soll. Das hätte er sich nie und nimmer träumen lassen. Ist dieses Geschehen nur ein Zufall? Ich glaube, nein. Wie wir gesehen haben, hat der Bärenhäuter in den Jahren des Alleinseins und des Wanderns viel an seelischer Tiefe gewonnen. Er ist in sich gekehrt, hat seine Beziehungen überdacht. Indem er »menschlich«, hilfsbereit und offen für das Leid anderer ist, hat er auf einer seelischen Ebene bereits einige von seinen mehr weiblichen Qualitäten entwickelt. Er hat seelische Anteilnahme ausgebildet, die zwar wegen seiner Tierähnlichkeit in seinen Gesichtszügen nicht sichtbar wird, aber dennoch vorhanden ist. Das, was im inneren Kern existiert, kann sich nun auch in seinem Handeln äußern. Auf psychischer Ebene, so könnte man sagen, ist er am tiefsten Punkt der Introversion angelangt, an dem die Wende seines Lebens beginnt.

Nachdem der Bärenhäuter mit dem Alten das Haus erreicht hat, in dem er mit seinen Töchtern lebt, beginnt die Brautschau. Aber eigentlich verhält es sich eher umgekehrt. Die drei Töchter sehen sich nacheinander den vermeintlichen Bräutigam an. Die Reaktionen der drei jungen Frauen fallen sehr unterschiedlich aus. Die älteste Tochter äußert sich am heftigsten. Sie betrachtet den Bärenhäuter nur kurz, wird wegen seiner Tierähnlichkeit und der Verwahrlosung von Entsetzen erfasst. Wie ein Reflex bricht es aus ihr hervor, indem sie aufschreit und fortläuft. In einem solchen reflexartigen Entscheiden liegt kein Nachdenken und auch keine »Prüfung« sondern reine Abwehr. Dergleichen kennt der Bärenhäuter inzwischen aus Erfahrung. Das heißt, für sie sind *nur* die Äußerlichkeiten ausschlaggebend. Innere Werte werden dabei zwangsläufig außer Acht gelassen. Dafür hat sie keine Antenne.

Sie ist ein Augenmensch par excellence. Sie kann deshalb auch keine Einzelheiten wahrnehmen außer denen, die ihr ins Auge springen. Also ist sie abhängig von Äußerlichkeiten und erscheint dadurch oberflächlich, weil sie ebenfalls, wie es das Wort schon zum Ausdruck bringt, die Menschen und die Dinge nur von außen ansieht und beurteilt. Für sie ist es auch unwichtig, was der Bärenhäuter sagt oder für ihre Familie getan hat. Menschen, die so handeln, neigen zu Vorverurteilungen, weil sie nichts anderes erfassen als das, was sich nach außen hin zeigt, bzw. äußerlich sichtbar wird.

Eine solche Verhaltensweise ist weit verbreitet, denn auch heutzutage wird oft jemand z.B. danach eingeschätzt, wie er sich kleidet, wie er auftritt, welche Markenartikel er trägt und mit welchen Statussymbolen er sich umgibt. Ist dieser optische Eindruck beim Betrachter negativ besetzt, so hat er keine Chancen bei diesem und erfährt nur Ablehnung. – Unsere heutige Werbung trägt sehr zu dieser Veräußerlichung und Oberflächlichkeit bei.

»Kleider machen Leute«, heißt es bei Gottfried Keller. Der Titel der Novelle weist darauf hin, dass der Schneider Strapinski für einen Adligen gehalten wird, weil er sich elegant wie ein Adliger kleidet, obwohl er aus armseligen Verhältnissen stammt. Mit diesem gepflegten Erscheinungsbild führt er alle Welt an der Nase herum, ohne dass er dies beabsichtigt hätte. Er kompensiert mit der feinen Kleidung seine ärmliche Herkunft. In dieser Novelle wird deutlich, wie einseitig die Wirkung von wertvoller Garderobe sein kann, wenn Menschen sich nur davon leiten lassen.

Die zweite Tochter reagiert etwas weniger heftig, also nicht so »reflexartig«, wie die älteste, sondern prüft den Fremden von Kopf bis Fuß, schaut ihn gründlich an und begründet sogar ihre ablehnende Entscheidung. Sie setzt bei ihrer Urteilsfindung durchaus ihren Verstand ein. Was ihr am unbehaglichsten ist, ist die Tatsache, dass ihr der Bärenhäuter eher einem Tier zu gleichen scheint als einem Menschen. Sie hat offenbar mal einen gesehen, der wie ein rasierter Bär aussah, aber einen Husarenpelz und weiße Handschuhe trug und sich als Mensch ausgab. Das heißt, der Bärenhäuter muss ein noch schlimmeres Erscheinungsbild abgegeben haben, als der damalige »Bärenmensch«, also noch tierischer und noch mehr den Menschen entfremdet wirken. Mag es an ihrer Übertreibung liegen – oder der »Realität« entsprechen, das können wir nicht entscheiden, denn es handelt sich um ihre subjektive Einschätzung, fest steht, dass sie solche Tierähnlichkeit entsetzlich findet. Sie erscheint ihr abstoßend und schockierend. Es ist ihr eine Zumutung, einen solchen Tiermenschen zum Mann nehmen zu sollen. Das kann sie nicht über sich bringen und lehnt es deshalb ab. Wahrscheinlich wirkt es sich verstärkend aus, dass sie Tiere ohnehin nicht mag.

Ist es verständlich, wie sie reagiert? Vermutlich hätten sich sehr viele junge Frauen in einer solchen Situation ähnlich verhalten. Die Übertreibung ihrer Reaktion kann man ihr zwar anlasten, aber wenn man bedenkt, wie ihr Vater auf den Bärenhäuter reagiert hat, als er ihn zum ersten Mal sah, dann lässt sich ihre Verhaltensweise mit der ihres Vaters durchaus vergleichen. Allerdings hat ihr Vater sich von dem, was der Bärenhäuter zu ihm gesagt hat, beeindrucken lassen.

Also fallen die beiden älteren Töchter als potenzielle Bräute aus. Wie sich später zeigt, sind diese beiden auch die eitleren jungen Frauen. Sie legen großen Wert auf ihr Äußeres, auf ihr Erscheinungsbild und ihr Auftreten. Die optische Wirkung auf andere schätzen sie zu hoch ein. Wer gar zu großen Wert auf solche Äußerlichkeiten legt, gerät rasch in die Gefahr, in seinem gesamten Wesen zu sehr zu veräußerlichen, denn dabei findet eine zu einseitige Gewichtung statt. Wenn das Adrett-Sein, Hübsch-Sein, Geschminkt- und Herausgeputzt-Sein wichtiger ist als die Ausbildung der mehr inneren Werte, wie zum Beispiel Freundlichkeit, Mitgefühl und Hilfsbereitschaft, dann entsteht leicht eine Fassadenhaftigkeit. Dann ist es wichtiger, eine schöne Hülle (Larve) zur Schau zu tragen als eine warmherzige Menschlichkeit zu entwickeln, das wäre als Lebensergebnis zu wenig. Dies soll dennoch nicht etwa bedeuten, dass es gut wäre, die Äußerlichkeiten zu vernachlässigen, wie es zu diesem Zeitpunkt der Bärenhäuter praktizieren muss, um den Vertrag einzuhalten. Das richtige Maß und eine angemessene Gewichtung sind dabei anzustreben. Dies zu erreichen, fällt uns Menschen gewöhnlich schwer, weil sich auch heutzutage sehr viele Menschen dem gerade aktuellen Modetrend unterwerfen und gar nicht den Mut haben, ihren eigenen Geschmack auszubilden. Wenn die Mode den eigenen Vorstellungen nicht entspricht, trauen sich vor allem Jugendliche gewöhnlich nicht, sich anders, das heißt, individuell zu kleiden.

Nachdem die beiden älteren Töchter sich ihr unmissverständliches Urteil gebildet haben, ist die dritte Tochter an der Reihe, sich vom Bärenhäuter ein Bild zu machen. Wie so oft ist es hier im Märchen die jüngste Tochter, die ihre Begutachtung vollkommen anders gewichtet als ihre Schwestern. Sie rennt nicht etwa vor Ekel weg, sie fällt auch kein geringschätziges, abwertendes Urteil wie die mittlere Schwester, sondern sie geht davon aus, was der Bärenhäuter für ihren Vater und für die Familie getan hat. Sie hebt die Vorzüge des Gastes hervor.

Wer dem Vater aus der Not geholfen hat, der muss ein gutes, warmes Herz haben – Geld natürlich auch –, aber eben von großer Hilfsbereitschaft sein, sonst wäre das Leid des anderen an ihm »abgeprallt«. Wer seinen Mitmenschen hilft, verfügt offenbar über ganz andere Qualitäten als solche, die man äußerlich schnell erkennen kann. Außerdem, so argumentiert diese jüngste der drei Töchter, hat der Vater diesem tiergestaltigen Mann eine Braut *versprochen*. Das mag im Übereifer der Freude geschehen sein, weil sich der Vater von seiner Schuldenlast befreit fühlte, oder aber in der Überzeugung, dass ein Mann mit einem so guten Herzen für seine Hilfe eine nette Frau verdient hätte. Sie sieht in ihm in erster Linie den Menschen und nicht den Bären, das Tier. Gleichwie, der Vater hat dem Fremden ein Versprechen gegeben, das gehalten werden müsse, wie sie findet.

An diesem Punkt des Märchens ist eine ähnliche Reaktion zu erkennen wie im Märchen »Der Froschkönig«. Darin erinnert allerdings der König, also die Vaterfigur, die jüngste Tochter daran, dass sie das dem Frosch gegebene Versprechen einzuhalten hätte. Der Frosch hatte der Prinzessin die goldene Kugel aus den Tiefen des Brunnens geholt und ihr das liebste Spielzeug unter der Bedingung zurückgegeben, dass er von nun an mit der Prinzessin vom gleichen Teller essen und im gleichen Bett schlafen wolle. Als die Prinzessin ihr Versprechen nicht einlösen will, ermahnt sie der Vater dazu. Hier im Märchen ist es die jüngste Tochter, die das väterliche Versprechen »verinnerlicht« hat und daraus eine moralische Verpflichtung herleitet. Sie tut es aus freien Stücken *ohne* väterliche Ermahnung. Wer eine Wohltat angenommen hat, muss für seine Versprechen einstehen.

Das Märchen ist hier sehr klar und »moralisch«. Zwar geht es bei diesem Versprechen um keinen Vertrag, wie er zwischen dem Bärenhäuter und dem Teufel zu Stande gekommen ist, aber es geht um eine Zusage. Jeder, der eine Zusage macht und sie hält, ist als Mensch viel überzeugender als jemand, der schnell etwas verspricht und dies ebenso schnell wieder vergisst.

Diese Klarheit des Wesens, die die jüngste Tochter mit ihren Worten zum Ausdruck bringt, erfreut den Bärenhäuter sehr. Es handelt sich bei dieser jungen Frau, so jung sie auch sein mag, um einen Menschen, der sich nicht in erster Linie von Äußerlichkeiten leiten lässt, sondern der das Handeln als Ausdruck seines Wesens erfasst. Da es von dieser Art Menschen wohl eher nur eine Minderheit gibt, ist die Freude des Bärenhäuters darüber umso größer. Er erlebt in diesem Zusammenhang ganz sicher so etwas wie ein Glücksgefühl.

A. de Saint-Exupérie sagt in »Der kleine Prinz«: »Man sieht nur mit dem Herzen gut. Das Wesentliche ist für die Augen unsichtbar.« Das Märchen liefert für diesen Fall ein Beispiel.

Nach diesem Erlebnis ist es nahe liegend, dass die jüngste Tochter mit einer Verlobung einverstanden ist. Zwar wird auch ihr das Erscheinungsbild des frisch gewonnenen Bräutigams zu schaffen machen, aber wenn sie im Stande ist, ihn mit dem Herzen wahrzunehmen, entsteht in ihr ein ganz anderes – nämlich ein inneres – Bild von ihrem Zukünftigen.

Um die Verlobung zu besiegeln, bricht der Bräutigam seinen Ring entzwei und gibt seiner Braut die eine Hälfte mit seinem Namen, und in seine Hälfte schreibt er ihren Namen. Durch die Eintragung der Namen erhalten die Märchenfiguren mehr »Individualität«. Damit ist die Verlobung beschlossen und die beiden Brautleute haben sich einander versprochen. Das Kreissymbol des Ringes steht für den Bund der Ehe, der dann vollzogen wird, wenn beide Ringhälften eines Tages wieder zusammengefügt werden. Die eine Hälfte ohne die andere ist auf symbolischer Ebene nur noch »hälftig«, eben unvollkommen. Die Verlobungszeit muss zwangsläufig auf drei Jahre festgelegt werden, weil der Bärenhäuter den Vertrag mit dem Teufel unbedingt erfüllen will und muss, um seine Seele vor Schaden zu bewahren. Sollte der Bärenhäuter nach Ablauf dieser Zeit nicht zurückkommen, so wäre seine Braut frei. Dann wäre er wahrscheinlich tot. Jedoch erklärt er seiner Verlobten nicht, warum er ihr diese Wartezeit abverlangt.

Das bleibt sein Geheimnis. Er bittet sie allerdings, für den Erhalt seines Lebens zu beten. Durch ihre Gebete werden sie während der Trennungszeit auf einer mentalen Ebene miteinander verbunden bleiben.

8. Die traurige Verlobungszeit

Zeilen 117 – 127

> *Die arme Braut kleidete sich ganz schwarz, und wenn sie an ih-*
> *ren Bräutigam dachte, so kamen ihr die Tränen in die Augen.*
> *Von ihren Schwestern ward ihr nichts als Hohn und Spott zuteil.*
> 120 *»Nimm dich in acht«, sprach die älteste, »wenn du ihm die Hand*
> *reichst, so schlägt er dir mit der Tatze darauf.« »Hüte dich«, sag-*
> *te die zweite, »die Bären lieben die Süßigkeit, und wenn du ihm*
> *gefällst, so frißt er dich auf.« »Du mußt nur immer seinen Willen*
> *tun«, hub die älteste wieder an, »sonst fängt*
> 125 *er an zu brummen.« Und die zweite fuhr fort: »Aber die Hochzeit*
> *wird lustig sein, Bären, die tanzen gut.« Die Braut schwieg still*
> *und ließ sich nicht irre machen.*

In diesem Kapitel des Märchens wird die Aufmerksamkeit vorübergehend vom Märchenhelden abgezogen. Wir erhalten nun
Einblick in das Leben der Braut und ihrer Familie. Die Handlung
verläuft parallel zu der des Märchenhelden. Seine Braut entwickelt
sich in den folgenden drei Jahren der Verlobungszeit gleicherma-
ßen zu einer Heldin. Allerdings verläuft diese Entwicklung viel pas-
siver, weil sie diese Zeit einfach nur überstehen muss, sie muss zu
Hause ausharren und kann »aktiv« nichts tun. Sie ist ihrem Schicksal »ausgeliefert«. Man könnte sagen, es handele sich sogar um
ein zweifaches Ausgeliefertsein. Das eine bezieht sich auf ihren
Bräutigam, das andere auf das Verhalten ihrer Schwestern. Von
ihrem Verlobten weiß sie lediglich, dass er ein gutes Herz haben
muss, weil er ihrer Familie aus der finanziellen Not geholfen hat.
Sie hat auch keine Vorstellung davon, woher er über so viel Geld
verfügt, dass er sie unterstützen konnte. Seine Vergangenheit
kennt sie nicht, auch nicht seine Herkunft oder Familie. Sie ahnt
nicht, wer er wirklich ist und sich hinter der »Tierfassade« verbirgt,
und was es mit der noch verbleibenden dreijährigen Wanderschaft

auf sich hat. Sie kennt keine Zusammenhänge, kann die Gefahren und Verpflichtungen nicht einschätzen, denen er ausgeliefert ist. Es handelt sich also nur um lauter Ungewissheiten, die mit ihrem Verlobten zusammenhängen. Das wird sie innerlich beunruhigen, denn es gibt keinerlei Klarheit über seine Person. Warum ist er so verwahrlost und sieht aus wie ein Tier?

Wie erklärt es sich, dass er trotz seiner Tierähnlichkeit eine menschliche, warme Stimme und ein so fühlendes Herz hat? Wie konnte es dazu kommen, dass er sich wie ein Bär kleidet? Seine wahre Gestalt ist verhüllt – und seine Identität kennt sie ebenfalls nicht. Die Zwiespältigkeit, die von seiner Person ausgeht, wird in ihr viele zwiespältige Gefühle auslösen.

Irgendetwas geht hier nicht mit rechten Dingen zu, aber was ist es? Was steckt hinter diesem Rätsel? Wie ist es zu erklären?

Drei Jahre lang hat sie Zeit, über diese und ähnliche Fragen nachzudenken – oder besser – nachzugrübeln, da sie so wenige Anhaltspunkte für diese Aspekte hat.

Das Einzige, was sie intuitiv sicher weiß, ist, dass sie ihn als »wertvoll« und hilfsbereit erachtet. Diesbezüglich lässt sie sich durch nichts irritieren. Vielleicht hat seine Stimme auf sie Eindruck gemacht oder die Art, wie er sie angesehen hat. Ist das schon eine Vorahnung von »Liebe« und Zuneigung? Handelt es sich um »Seelenverwandtschaft? Wer mit dem Herzen sieht, irrt sich viel seltener als jemand, der Entscheidungen allein mit dem Kopf trifft. Sie spürt nur, dass sie ihn irgendwie mag. Aber reicht das? Wird sie es aushalten, nach Ablauf der Verlobungszeit mit einem »Tiermann« zusammenzuleben? Wie soll das geschehen? Wird sie sich nicht in Zukunft vor anderen Menschen schämen, einen solchen Mann geheiratet zu haben? Wie wird sie die Kritik von Freunden ertragen können, die sie nun schon tagtäglich von ihren Schwestern zu hören bekommt? Wird sie stark genug sein, um der Häme Stand halten zu können? Wie soll sie den Fragen der Leute begegnen?

Wir sehen, es sind Fragen über Fragen, die sie sich so – oder so ähnlich – in ihrem Innern stellen wird, um sich mit diesem schwierigen Lebensproblem auseinander zu setzen und um es möglichst bewältigen zu können. Da werden ihr oft und immer wieder die ärgsten Zweifel aufgestiegen sein und sie hin und her gerissen haben. Sie wird sich gefragt haben, ob es richtig war, sich so rasch mit einer Verlobung einverstanden zu erklären, obwohl sie den Mann nur einmal kurz kennen gelernt hat. Nur in einem Punkt ist sie sich ganz sicher: Aus Geldgründen hat sie sich nicht für ihn entschieden. Ist sie etwa nur der »Verpflichtung« gefolgt, die der Vater indirekt auf eine seiner Töchter übertragen hat, weil er dem Bärenhäuter aus Dank für seine gute Tat eine Braut versprochen hat? Das wäre schlimm. Sie wäre dann zwar die »gehorsame, brave« Tochter, aber um welchen Preis? Es wäre reine Selbstverleugnung, wozu ihre beiden Schwestern nicht bereit waren. Ihr Verhalten wäre reinste Anpassung an das gegebene Versprechen des Vaters, wie es so oft in Märchen vorkommt. In »Das Mädchen ohne Hände« verlangt zum Beispiel der Teufel vom Müller, ihm die Tochter zu geben, damit der Familie des Müllers wieder Wohlstand beschieden wäre. Da wird seiner Tochter überhaupt keine Wahl eingeräumt, während im »Bärenhäuter«-Märchen kein direkter Zwang ausgeübt wird, wohl aber indirekt ein »moralischer«. Denn wenn der Vater dem Fremden ein Versprechen gegeben hat, das die beiden Schwestern auf gar keinen Fall zu erfüllen gedenken, bleibt ihr, der jüngsten, diese Aufgabe überlassen. Sich dagegen zu wehren erscheint ihr ausgeschlossen. Aber sie entscheidet sich wohl *nicht nur* wegen dieses moralischen Druckes für den Bärenhäuter, sondern eher aus einem intuitiven Wissen heraus, dass dieser Tiermann über Qualitäten verfügt, von denen sie zwar fast nichts weiß, aber von denen sie auf einer unbewussten Ebene überzeugt ist. Trotz seiner äußeren Verwahrlosung »ahnt« sie, weil sie mit dem Herzen zu sehen vermag, dass er über viele positive Eigenschaften und Verhaltensweisen verfügt.

Etwas Rätselhaftes haftet ihm an, das sie zugleich reizvoll findet und neugierig auf ihn macht! Dieser ambivalente Reiz ihres Verlobten löst bei ihr eine Sympathie aus, die uns Menschen wohl weitgehend unergründlich bleibt. Immerhin haben wissenschaftliche Untersuchungen ergeben, dass der Eindruck eines Menschen zu 55 Prozent durch seine Körpersprache, zu 38 Prozent durch seine Stimme und den Tonfall und nur zu 7 Prozent durch das, *was* er sagt, von Bedeutung ist. Ein Mensch wird also viel komplexer von seinem Gegenüber erfasst als über den Verstand und die Vernunft. Die Ausstrahlung, die von seinem Inneren herrührt und zum Beispiel durch die Augen Ausdruck findet, bestimmt die Sympathie, die für ihn empfunden wird. Die jüngste Tochter wird drei Jahre lang die Begegnung mit ihrem Bräutigam auf sich nachwirken lassen. Aber während dieser Zeit ergeht es ihr anders als anderen Brautleuten. Während junge Bräute mit frohem Herzen der Hochzeit entgegenfiebern und aufgeregt und voller Neugier die Zukunft erwarten, trägt unsere Märchenbraut Schwarz, also die Farbe der Trauer. Diese Symbolfarbe Schwarz sieht eher nach Witwenschaft als nach Verlobungszeit aus. Tatsächlich erlebt sie diese Zeit wie eine vorgezogene Witwenschaft. Sie ist still, traurig, nach innen gekehrt und nachdenklich. Sie weint viel – nicht zuletzt wegen der provozierenden Schwestern. Sie ist auf ihre Art »verwitwet«, denn ehe sie ihren Verlobten richtig kennen lernen konnte, hat er sich bereits wieder verabschiedet, um seiner Wege zu gehen. Sie erhält also keine Rückenstärkung von ihrem Zukünftigen. Die Braut befindet sich in einer vergleichbaren Situation wie eine Kriegsbraut oder eine Seemannsbraut, wenn unmittelbar nach der Verlobung der Bräutigam wieder – oder erstmalig – in den Krieg ziehen oder wieder zur See fahren muss. In solchen Fällen ist es schwer zu sagen, ob die gerade erst versprochene Ehe mehr Freude – oder mehr Trauer auslöst bei den Beteiligten. Das Herz dürfte der Märchenbraut schwer sein.

Unsere Märchenbraut hat allerdings neben dieser persönlichen Zerrissenheit zwischen Hoffen und Bangen, Glück und Unglück noch mehr an gefühlsmäßiger Belastung auszuhalten. Es sind die täglichen Sticheleien und Verletzungen durch ihre beiden Schwestern. Diese haben so sehr Anstoß an dem Erscheinungsbild ihres zukünftigen Schwagers genommen, dass sie jede nur denkbare Gelegenheit nutzen, um ihre jüngste Schwester zu ärgern oder gar zu erniedrigen. Dies ist eine weit verbreitete Verhaltensweise im Umgang mit Menschen. Wenn sich ohnehin jemand in einer sehr schwachen Situation befindet, also seelisch schon »angeschlagen« ist, dann machen sich diejenigen, die sich für die Stärkeren halten, einen »Spaß« daraus, den anderen zu attackieren. Heutzutage läuft vieles so im Bereich des Mobbings. Es wird die Wehrlosigkeit ausgenutzt, um sich gegenüber dem Schwachen aufzuplustern und sich über ihn zu erheben. Übrigens ist in der Tierwelt ebenfalls zu beobachten, dass die starken Tiere die Schwachen unterdrücken. Die Frage bleibt, warum die vermeintlich Stärkeren es nötig haben, den Schwachen noch mehr zu schwächen und sich selbst zu erheben. Dahinter steckt gewöhnlich eine Charakterschwäche, die mit einem mangelnden Selbstwertgefühl gepaart ist. Vielleicht liegt die Hauptursache für solches Verhalten in einem Mangel an Liebe. Manchmal handelt es sich um reine Schadenfreude, die demjenigen, der sie gerade genießt, für einen kurzen Augenblick einen gewissen Auftrieb verleiht.

Wer es nötig hat, sich auf Kosten eines anderen zu belustigen und sich damit ein Gefühl von Überlegenheit zu verschaffen, vor allem, wenn er es oft und bei jeder Gelegenheit versucht, ist er offenbar nicht im Stande, sich dank eigener Fähigkeiten echten Lebensgenuss zu erwerben. Die Schmähung und Kränkung des anderen benutzt er für das eigene Hochgefühl. Damit stellt sich ein solcher Mensch ein Armutszeugnis aus.

Hier im Märchen verhalten sich die beiden Schwestern täglich – und das über einen langen Zeitraum von drei Jahren – so. Das ist für die jüngste Schwester nahezu unerträglich. Aber sie hat keine andere Wahl, als diese Zeit der ständigen Provokationen nur durchzustehen. Es ist wie eine seelische Folterung, die sie zu erleiden hat. Vermutlich hält sie diese Erniedrigung nur dadurch aus, dass sie in die »innere Emigration« geht. Die Abkehr von dieser Tortur geschieht auf dem Weg der Verinnerlichung. Sie verlagert alles Erleben in den Bereich ihrer Gefühle, ihrer Seele und in ihr Gemüt. Sie taucht gewissermaßen innerlich ab. Das ist eine äußerst schwierige Lebensphase für sie, denn sie erhält keinerlei Unterstützung von außen wie so manche andere Märchenheldin. Der Vater bemerkt diesen »Geschwisterkrieg« möglicherweise gar nicht, weil sich die Schwestern in seinem Beisein nichts anmerken lassen. Aber sobald die drei Schwestern unter sich sind, geht es wieder hoch her. Es ist im Übrigen vergleichbar mit dem Märchen »Einäuglein, Zweiäuglein, Dreiäuglein«. Darin quälen Einäuglein und Dreiäuglein die mittlere Schwester Zweiäuglein bei jeder passenden Gelegenheit nach »Herzenslust« und belasten ihre eigene Seele damit.

Warum, so muss man sich fragen, ist es das »Schicksal« dieser jüngsten Tochter, dass sie dergleichen zu erleiden hat?

Zum einen hängt es wohl damit zusammen, dass die Jüngste sich noch zu wenig vom Vater »abgenabelt« hat. Sie hat den Wunsch des Vaters erfüllt, dem Bärenhäuter die versprochene Frau zu werden. Schuld- und Pflichtgefühle, die sie unbewusst vom elterlichen Vorbild übernommen hat, glaubt sie erfüllen zu müssen. Auf eine naive, unwissende Art und Weise »gehorcht« sie ihrem Vater. Insofern handelt sie »unfrei«. Zum anderen verfügt sie nicht über genügende Ichstärke, um sich gegen die starken Schwestern behaupten zu können. Denn die sind ihr an Lebensjahren und an Erfahrungen überlegen. Aber sie verharrt keineswegs in diesem Zustand der Unterlegenheit. Denn durch die ständigen Attacken ihrer Schwestern macht sie einen wesentlichen Entwicklungsschritt. Zwar wird sie sich über einen längeren Zeitraum provoziert gefühlt und geärgert haben, aber allmählich lernt sie, sich die Bösartigkeiten nicht mehr so sehr zu Herzen zu nehmen. Ganz langsam wird sie so etwas wie einen »Gewöhnungsprozess« erleben. Dadurch treffen sie die Häme und Abwertung nicht mehr ganz so stark. Es wird ihr nach und nach gelingen, die ewigen Angriffe nicht mehr an sich herankommen zu lassen. Und wenn eines Tages die Gemeinheiten an ihr abprallen wie die Regentropfen von einem Regenmantel, dann gewinnt sie Distanz zu ihren Schwestern, mit denen sie aufgewachsen ist und ihre Kindheit verbracht hat.

Die jüngste Tochter stellt in dieser Familienkonstellation am ehesten die Anima-Figur des Vaters dar. Dieser lebt wohl seit geraumer Zeit ohne Partnerin, denn die Mutter der Töchter wird nicht erwähnt. Da die jüngste von allen drei Töchtern diejenige ist, die ein fühlendes Herz hat, stellt sie zum Vater, der, wie wir wissen, über einen »weichen Kern« verfügt, die weibliche Entsprechung dar, sonst hätte er seinen Tränen nicht so freien Lauf gelassen, als er in finanziellen Schwierigkeiten steckte. Obwohl sich diese jüngste Tochter und der Vater wesensmäßig nahe stehen, kann diese Nähe nicht aufrecht erhalten werden. Im Hinblick auf eine Entwicklung darf diese Tochter nicht in ihrer bisherigen Rolle verharren. Das wäre Stagnation. Wenn sie je »erwachsen« werden will, muss sie sich nicht nur von den Schwestern lossagen, was ja leicht wäre, sondern auch vom Vater, den sie liebt. Natürlich ist es wesentlich einfacher, sich von ungeliebten Bezugspersonen zu lösen. Aber von einem Vater die notwendige Distanz zu gewinnen, der ihr den Bräutigam beschert hat und dem sie viel Liebe und Zuwendung verdankt, ist außerordentlich schwierig. Aufgrund der starken Vaterbindung »wusste« sie immer, wenn er einen Wunsch hatte, was zu tun war, und folgte ihm aus »kindlicher« Liebe. Das entsprach der inneren Verbundenheit mit ihm und zugleich ihrem Rollenverständnis, das sich auch heutzutage noch in unserer Kultur oft genug zeigt, geschweige denn in anderen Kulturen, die noch stärker patriarchal geprägt sind. Aber wenn sie sich zu einer partnerschaftsfähigen jungen Frau entwickeln will, die im Stande ist, in drei Jahren eine lebendige, eheliche Beziehung einzugehen, dann muss sie zu diesem Vater, den sie liebt, mehr Distanz gewinnen. Sie muss sich davon verabschieden, dem Vater eine – wenn auch platonische – »Ersatzpartnerin« sein zu wollen. Dieses Problem haben viele Töchter, die eine starke Vaterbindung haben. Aber der Vater gehört einer anderen Generation an und kann nicht die Zukunft mit ihr teilen. Er kahn ihr auch kein Sexualpartner werden, selbst wenn solche unbewussten Wünsche da wären. Stattdessen muss sie sich darüber klar werden, worin ihre eigenen Wünsche und Lebensvorstellungen bestehen. Das Nachdenken über die eigenen Bedürfnisse wird ihr helfen, sich allmählich vom väterlichen Willen zu befreien und den eigenen Willen auszubilden. Es wird für sie ein sehr schmerzlicher innerer Prozess sein, sich aus der gefühlsmäßigen Bindung zum Vater zu lösen. Denn er tut ihr nichts Böses. Allerdings ist er ein schwacher Mensch, der sie in ihrer Krisensituation nicht stützt und stärkt.

Durch das provozierende Verhalten ihrer Schwestern wird sie mit vielen eigenen negativen Gefühlen konfrontiert, wie z.B. Ärger, Wut und Zorn. Aufgrund der eigenen Aggressionen, die ihr gegen die Schwestern sicher immer wieder hoch kommen mögen, lernt sie ganz allmählich ihre eigenen dunklen Seiten kennen, ihre eigenen Schwächen und Abgründe, und muss sie aushalten. Sie muss erkennen, dass diese auch Teile ihrer Persönlichkeit sind. Vielleicht erkennt sie sogar irgendwann im Lauf der Zeit, dass die Schwestern sich selber einen Bräutigam wünschen. Zwar werden sie die Jüngste nicht gerade um diesen »Tiermann« beneiden, wohl aber darum, dass sie überhaupt einen Bräutigam hat. Denn obwohl die beiden älter sind und von daher eher an der Reihe wären zu heiraten, ist es ihnen bisher nicht gelungen, einen Partner zu finden. Das muss einen wundern, zumal der Vater die besondere Schönheit aller seiner Töchter hervorgehoben hat. Wenn man bedenkt, wie viele Menschen sich nach dem Äußeren bei einer Partnerschaft entscheiden, so hätten die beiden längst unter der Haube sein müssen. So erhebt sich die Frage, was es mit den beiden älteren Schwestern auf sich hat, dass sich für sie noch kein Mann ernsthaft interessiert hat.

Die Antwort liegt nahe. Denn wie wir es in dieser Phase beobachten, verhalten sie sich so abwertend und negativ, dass sie wie die Schattenfiguren oder Gegenpole zur jüngsten Schwester wirken. Sie lassen alle Destruktivität, alle Wut und ihren Neid heraus, so dass sich ihre Umwelt, vor allem potenzielle Heiratskandidaten, wie auch der Leser des Märchens von ihrem Verhalten abgestoßen fühlen muss. Insofern schaden sie sich selbst und bewirken, dass sich die jüngste Schwester von ihnen innerlich lösen kann. Je größer die Ablehnung der Schwestern ist, desto leichter fällt es der jüngsten, sich nach und nach von ihnen innerlich zu befreien. Gerade die Boshaftigkeit der Schwestern beschleunigt die innere Abnabelung von ihnen und provoziert den Beginn der eigenen Persönlichkeitsentwicklung. Ohne diese Herausforderung, die sie als Lebenskrise erlebt, wäre es ihr nicht möglich, den Weg zu sich selber, zu ihrem Inneren mit allen dunklen, verborgenen Seiten und zu ihren inneren Seelentiefen zu finden. Nur wenn ihr dies gelingt, wird sie fähig, ihre eigene Individualität auszubilden.

Es sind in diesem Märchen nur wenige Zeilen, die die weiblichen Figuren beleuchten und schildern, nämlich wie die drei jungen Frauen nach der Verlobung der jüngsten mit dem Bärenhäuter miteinander umgehen, wenn sie allein sind. Es findet eine Konstellierung in der Weise statt, dass sich die beiden älteren Schwestern gegen die jüngste verbünden und vereint gegen sie vorgehen. Sie arbeiten bei ihren Attacken ständig Hand in Hand. Gemeinsam fühlen sie sich stark und überlegen. Sie steigern sich in ihrer Angriffslust, um der Schwester das Leben so schwer wie möglich zu machen. Zwar hätten sie – jede der beiden – den Bärenhäuter selber zum Mann nehmen können, denn jede ist gefragt worden, ob sie ihn heiraten wollte, aber jede hat dies von sich gewiesen. Sie haben ihn nicht einmal des Geldes wegen akzeptiert, was ja auch denkbar gewesen wäre. Sie haben kein Gefühl von Dankbarkeit entwickelt, weil er ihre Familie vor dem finanziellen Ruin bewahrt hat. Nein, er war ihnen nicht attraktiv genug und als Mann inakzeptabel. Seine Verwahrlosung und Tierähnlichkeit erfüllte sie mit Ekel. Das wäre noch verständlich. Aber dahinter verbirgt sich Menschenverachtung. Vielleicht wundert es sie insgeheim, warum sich ihre jüngste Schwester für diesen Mann entscheiden konnte.

Diese unterschiedlichen Verhaltensweisen machen deutlich, wie diese drei jungen Frauen ihre Weiblichkeit einbringen. Wenn man das Märchen insgesamt betrachtet, dann verkörpert die jüngste Schwester die positive Weiblichkeit, die sich in ihrer intuitiven Entscheidung für den Bärenhäuter ausdrückt. Dazu bilden die beiden Schwestern den Gegenpol – oder die Schattenfiguren. Sie sind oberflächlich, hochmütig und bösartig. Sie genießen sich in ihrer Angriffslust und steigern sich darin noch. Sie leben sehr unbewusst, kritisieren zwar gern ihre Umwelt, aber an Selbstkritik mangelt es ihnen. Dadurch fehlt es ihnen auch an der Einsicht in ihr problematisches Verhalten. Aufgrund dieses Defizits sind sie unfähig, sich zu ändern und zu entwickeln. Obwohl sie von außerordentlicher Schönheit sind, sind sie bezüglich ihrer Charakterstruktur und ihres seelischen Befindens bösartig und negativ. Die beiden Schwestern repräsentieren den Gegenpol zur jüngsten sehr deutlich. So wundert es einen nicht, dass sie sitzen bleiben und wie »Ladenhüter« im Vaterhaus ausharren. Drei Jahre lang verharren sie in ihrer Destruktivität. Die fehlende Einsicht in ihr Fehlverhalten und ausbleibende Reue blockieren ihre Psyche. Sie bleiben ohne Sühne bis zum Schluss, als sie sich aus Hochmut und Neid auf den wunderschönen Mann ihrer jüngsten Schwester das Leben nehmen. Der Neid ist ein sehr häufiges Märchenmotiv. Er zählt zu den sieben Todsünden, wie zum Beispiel die Faulheit, die Gier, der Stolz, die Trägheit, der Zorn, der Geiz und die Wollust. In diesem Fall führt er zu einer dramatischen Zuspitzung der Märchenhandlung am Ende des Märchens.

Die Frage bleibt, warum der Vater offenbar jahrelang ihrem Treiben keine Grenzen gesetzt hat. Ist er so schwach? Warum hat er keinen Mut gehabt, sich gegen die starken Charaktere der beiden älteren Töchter durchzusetzen? Ist er von ihrer Schönheit verblendet, so dass ihm nicht klar ist, welche Abgründe von Destruktivität sich hinter der schönen Fassade verbergen? Oder ist seine väterliche Liebe so blind für die Bösartigkeit seiner Töchter? Es kann auch sein, dass die älteren Töchter im Beisein des Vaters ihre

Negativität nicht ganz so stark herausgelassen haben. Allerdings haben sie sich durch Äußerungen gegenüber dem Bärenhäuter genügend charakterisiert. Vielleicht hat er aber auch schon früh erkannt, dass seine beiden älteren Töchter »unverbesserlich« sind, und hat es aufgegeben, sie zu erziehen.

9. Geschwisterkonstellation

Sehr viele Märchen führen den Lesern / Hörern eine oft schwierig angelegte Geschwisterkonstellation vor Augen. Es kommen
alle denkbaren Formen vor. Eine sehr positive ist die bei *Hänsel
und Gretel,* wo die beiden Geschwister eng zusammenhalten und
sich gut verstehen. Es handelt sich dabei um einen Jungen und
ein Mädchen, die sich miteinander vertragen, sich gegenseitig
helfen und in ihrer Entwicklung voranbringen. Diese Geschwisterbeziehung ist eine wünschenswerte, aber eben nicht so häufig
auftretende.

In verschiedenen Märchen kommt es vor, dass ein Paar zusam-
menfindet, bei dem jedes Elternteil ein Kind oder mehrere Kinder
von anderen Partnern in die Ehe einbringt. Diese Stief-Geschwi-
ster sind nicht blutsverwandt, leben aber nun mit ihrem leiblichen
Elternteil und einem Stief-Elternteil in einer neuen Familie zusammen, wie es zum Beispiel im Aschenputtel-Märchen der Fall ist.
Diese Familienform findet als Patchworkfamilie in der heutigen Zeit
eine weite Verbreitung. Insofern zeigen »alte« Märchen durchaus
»moderne« Lebensformen auf. Das Zusammenleben der Stiefge-
schwister in den Märchen gestaltet sich häufig als sehr problema-
tisch. *Aschenputtel* muss sich mit ihren beiden Stiefschwestern
arrangieren, obwohl diese hochmütig und herablassend zu ihr
sind. Sie muss für alle die Schmutzarbeiten leisten ohne jegliche
Anerkennung oder gar Dankbarkeit zu erhalten. Aschenputtel lei-
det still, passt sich an die Verhältnisse an, macht eine schwierige
Entwicklung durch und findet ihre spätere Belohnung in einer
guten Partnerschaft.

Im Märchen *Einäuglein, Zweiäuglein, Dreiäuglein* handelt es
sich um drei Schwestern, die alle dieselben leiblichen Eltern haben, aber der Vater existiert nicht mehr. Die drei Töchter sind sehr
verschieden, nicht nur wegen der unterschiedlichen Augenzahl.
Einäuglein und Dreiäuglein bilden ein Komplott gegen das »ge-
wöhnliche« Zweiäuglein und behandeln es sehr schlecht. Diese

Geschwisterbeziehung ist wie eine »Sandwich-Konstellation«, in der Zweiäuglein die Pufferfunktion zwischen der ältesten und der jüngsten Schwester innehat. Zweiäuglein ist also »eingesperrt« innerhalb der Geschwisterreihe. Allerdings sind die Schwestern hier wohl deshalb so zerstritten untereinander, weil die Mutter mit der Ablehnung Zweiäugleins ein solches Verhalten vorgibt. Sie ist es, die das negative Familienmuster in die Familie einbringt. Es bleibt mindestens so lange erhalten, bis die Mutter stirbt und die zu Hause gebliebenen Töchter Einäuglein und Dreiäuglein zwangsläufig umdenken, sich neu orientieren müssen und dadurch eine Entwicklung beginnen.

Auch in diesem Märchen »Der Bärenhäuter« kommt eine solche Restfamilie vor, die aus einem Vater und seinen drei Töchtern besteht. In diesem Beispiel scheint die Mutter verstorben zu sein, und so obliegt dem Vater die Pflicht, seine drei Töchter großzuziehen, sie zu versorgen und zu betreuen. Zusammen bilden sie wiederum eine Vierheit, in der die weiblichen Figuren überwiegen. Auch in dieser Familie sind die Töchter von sehr unterschiedlicher Charakterstruktur, obwohl alle drei dieselben leiblichen Eltern haben. Während die beiden älteren wie Pech und Schwefel zusammenhalten, bleibt die jüngste, das Nesthäkchen, für sich allein und bekommt viel Druck von den älteren Schwestern, möglicherweise auch noch von dem verbliebenen Elternteil. Zwar erhält die jüngste sicherlich auch Unterstützung vom Vater, aber das Märchen legt nicht etwa Zeugnis von einer Verwöhnung des jüngsten Mädchens ab. Dies hätten die beiden älteren auch wohl nicht zugelassen, weil sie sich dann zurückgesetzt gefühlt hätten. Die Geschwisterrivalität ist groß. Sie leben ständig in einem konkurrierenden Vergleich.

Das jeweils jüngste Kind in einer Familie hat den Nachteil, dass es, wenn ein Elternteil stirbt, auch am frühesten in seinem Leben mit dem Verlust dieses Elternteils fertig werden muss. Es verfügt über die geringste Lebenserfahrung. Da die Bindung an die Mutter in den jungen Jahren gewöhnlich stärker ist als die an den

Vater, bedeutet es einen großen Einschnitt, wenn die Mutter früh verstirbt. Dieser Verlust ist für ein Kind vor allem wegen der nun fehlenden Zuwendung schwer zu kompensieren. Gewöhnlich sitzt ein solches Erlebnis wie ein Trauma in der Psyche eines Kindes und steigert meist die Lebensängste. So sind ganze Kriegsgenerationen in dieser Weise traumatisiert, wenn zum Beispiel die Mutter durch Bomben oder auf der Flucht umgekommen ist. Ähnliches gilt natürlich auch, wenn Kinder ihren Vater früh verloren haben. Grundsätzlich wird ein solcher Lebenseinschnitt sehr unterschiedlich und individuell verarbeitet.

In solchen Restfamilien fehlt immer eine wesentliche Bezugsperson. In dieser »Märchenfamilie« hat die Ausbalancierung der älteren Töchter durch die Mutter nicht hinreichend stattfinden können. Aus diesem Grund – also wegen der fehlenden Ausbremsung und der fehlenden Vorbildfunktion – nahmen sie sich vermutlich zu viele Freiheiten gegenüber dem schwächsten Glied in der Familie heraus, nämlich der Jüngsten. Diese war leicht zu bestimmen, zu bevormunden und zu unterdrücken, weil sie noch nicht genügend Ichstärke besaß. Sie wurde von den älteren Schwestern nicht für voll genommen. Es zeugt von Feigheit und Unfairness, sich an jemand Unterlegenem auszulassen und diesen zu dominieren. Eigentlich handelt es sich um eine Schwäche, wenn jemand seine vermeintliche Überlegenheit so ausspielt. Mitunter liegt bei solchem Verhalten jedoch nur eine große Unbewusstheit vor.

Da Märchen in einer Symbolsprache dargestellt sind, können die drei Schwestern als verschiedene Facetten von Weiblichkeit gesehen werden. Die negative Ausprägung, wie sie von den älteren Schwestern gelebt wird – oder in anderen Märchen auch häufig in der Gestalt der bösen Stiefmutter, Stiefschwester oder in der einer Hexe vorkommen – zeigt sich zum Beispiel in der Anmaßung, der Dominanz, ihrer Putzsucht und der ständigen Abwertung der jüngsten Schwester. Die positive Form der Weiblichkeit zeigt sich hingegen bei der jüngsten in der Mitmenschlichkeit, der Bescheidenheit, ihrer Anpassungsfähigkeit, Duldsamkeit und Hingabefähigkeit. Beide Formen sind nur zwei Seiten einer Medaille. Wenn nur die eine Seite gelebt wird, besteht die Gefahr, dass sie nicht überlebensfähig ist. Die dominante Seite würde alles andere zerstören, und die demütige, feinsinnige Seite des Weiblichen könnte sich allein nicht behaupten.

Diese beiden Seiten des Weiblichen müssen zu einer Ganzheit zusammenwachsen, um in der Welt bestehen zu können.

In diesem Märchen gehen zwar die beiden bösartigen Schwestern zu Grunde, weil sie Selbstjustiz üben und ihre Aggression gegen sich richten. Aber auch die jüngste Schwester wäre nicht überlebensfähig, wenn sie nicht in der langen Leidenszeit innere Stärke entwickelt hätte. Auch sie musste sich über ihre aufkommenden Aggressionen und ihren Zorn auf ihre Schwestern klar werden und sie in Ichstärke umwandeln. Dieser Prozess vollzog sich in ihrem Inneren. Aufgrund ihrer Leidensfähigkeit vermochte sie sich die innere Quelle der Kraft zu erschließen und sie sich zugänglich zu machen. Nur darauf beruht ihre Überlegenheit am Ende des Märchens. Denn da erscheint sie äußerlich zwar noch sehr bescheiden und zurückhaltend, aber innerlich steht sie ruhig und gefestigt da. Ihre anfängliche Intuition hat Recht behalten. Wer ein so gutes Herz hat, in der Not zu helfen, ist es wert, der Lebenspartner zu werden. Auf einen solchen Menschen ist Verlass. Er ist glaubwürdig und verdient es, Vertrauen entgegengebracht zu bekommen. Mit ihm kann sie ihre Zukunft gestalten.

Die jüngste Schwester hat den Anteil, den sie zu ihrer Selbstbehauptung nötig hat, im Innern gespürt und zugelassen. Aber dieser Teil ist nicht so aggressiv, wie sich ihre Schwestern ihr gegenüber verhalten haben, sondern es ist die Fähigkeit daraus geworden, sich den Herausforderungen zu stellen und das Leben zu bestehen. Wenn Aggressionen konstruktiv genutzt werden, dienen sie dazu, den Lebenskampf meistern zu können. Denn sonst hätte sie diese drei Jahre der »Braut-Witwenschaft« nicht ausgehalten und durchgestanden.

Eine weitere Herausforderung dieser Art erübrigt sich, denn ihr Leben in den vergangenen drei Jahren ist wie eine »geschlagene Schlacht«, die sie gewonnen hat. Sie muss nicht immer wieder neu geschlagen werden. Einmal gesiegt zu haben, bedeutet, die Mechanismen des Kampfes zu kennen und seine Techniken zu beherrschen. Zumindest im Märchen genügt es, diese Lebensprobe bestanden zu haben. Im realen Leben kann es schon für die eigene Entwicklung erforderlich sein, dass man sich mehrmals in solchen Krisensituationen befindet und darin behaupten muss, weil man zuvor nicht genügend aus dem Leiden gelernt hat.

Insofern verfügt sie jetzt über das nötige Rüstzeug für ihr weiteres Leben. Deswegen »verschwinden« die Schwestern aus ihrem sichtbaren Umfeld und aus ihrem Leben. Die jüngste Schwester kommt ohne sie aus, weil sie sich ihre anfänglichen Defizite, die als große Schwäche in Erscheinung traten, ausgeglichen hat. Sie hat die negativ gelebten Aggressionen der Schwestern als gesunde Antriebskraft in sich ausgebildet.

Vielen Menschen erscheinen diese Aspekte der Märchen immer als »brutal« oder als negativ. Aber wenn man sie als psychische Anteile einer Person betrachtet, spürt man, wie überflüssig diese Anteile werden, wenn der Märchenheld – hier die Märchenheldin – die repräsentativ ist für den Menschen, sie sich angeeignet hat. Dann sind sie Bestandteil des Märchenhelden geworden und lösen sich als Märchengestalten auf.

Wenn man fähig ist, die Dinge so zu betrachten, dann entfällt die Kritik, die so oft an den Märchen geübt wird. Außerdem wird häufig übersehen, dass Märchen ursprünglich als Geschichten für Erwachsene galten.

10. Das Vertragsende

Zeilen 128 – 141

> *Der Bärenhäuter aber zog*
> *in der Welt herum, von einem Ort zum anderen, tat Gutes, wo*
> 130 *er konnte, und gab den Armen reichlich, damit sie für ihn bete-*
> *ten. Endlich als der letzte Tag von den sieben Jahren anbrach,*
> *ging er wieder hinaus auf die Heide und setzte sich unter den*
> *Ring von Bäumen. Nicht lange, so sauste der Wind, und der Teu-*
> *fel stand vor ihm und blickte ihn verdrießlich an; dann warf*
> 135 *er ihm den alten Rock hin und verlangte seinen grünen zurück.*
> *»So weit sind wir noch nicht«, antwortete der Bärenhäuter, »erst*
> *sollst du mich reinigen.« Der Teufel mochte wollen oder nicht, er*
> *mußte Wasser holen, den Bärenhäuter abwaschen, ihm die Haa-*
> *re kämmen und die Nägel schneiden. Hierauf sah*
> 140 *er wie ein tapferer Kriegsmann aus und war viel schöner als je*
> *vorher.*

Parallel zur Handlung der Braut verläuft das Geschehen beim Bräutigam. Nachdem er die Verlobung mit ihr vollzogen und den Ring mit ihr geteilt hat, setzt er seine Wanderschaft fort. Durch die Verlobung hat seine Lebensreise eine Zäsur erfahren. Einerseits werden die noch bevorstehenden drei Jahre für ihn besonders schwierig sein, weil sich sein optisches Erscheinungsbild weiter verschlechtert und er deshalb auf seine Umwelt noch abstoßender wirkt und diese sogar mitunter verängstigt. Die Gefahr, sich einfach gehen zu lassen, wächst. Andererseits ist anzunehmen, dass er zu diesem Zeitpunkt des Märchens die tiefste Krise schon durchschritten ist. Was hat sich in seinem Leben verändert?

Er hat in den vier Jahren des Leidens ein tief greifendes Erlebnis gehabt. Die jüngste Tochter des alten Mannes – ein Wunder an Schönheit, wie ihr Vater sagt – hat sich mit ihm, dem Ausbund von Verwahrlosung, verlobt. Zwei Extreme haben da zueinander gefunden und kompensieren einander. Sie ist davon überzeugt, dass jemand, der die Familie aus größter finanzieller Not befreit und vor dem Ruin bewahrt hat, über besondere Qualitäten verfügen muss und es wert ist, geheiratet zu werden. Dies kommt einer Liebeserklärung gleich. Zumindest hat der Bärenhäuter es so empfunden, denn sein Herz lachte vor Freude bei ihrer Äußerung und er fühlte sich seit dem Augenblick voll und ganz angenommen.

Dieses tiefe Glücksgefühl hat sein weiteres Leben verändert und erhellt. Innerlich ist dieser glückliche Moment immer wieder abrufbar und vorstellbar. Dadurch hat seine Seele Nahrung erhalten. Äußerlich wird dies nicht sichtbar, höchstens durch ein Strahlen der Augen, die sein seelisches Befinden nach außen dringen lassen. Er fühlt sich von dem Augenblick an in seinem Wesen bestätigt. Nicht sein Geld war der Grund, sich mit ihm zu verloben, sondern seine Menschlichkeit. Sie hat ihm auch keine Fragen und Bedingungen gestellt wie zum Beispiel seine Tierähnlichkeit aufgeben zu sollen, sondern hat ihn einfach so akzeptiert, wie er ist. Sie findet sein Wesen liebenswert. Das empfindet er als große Bestätigung. Von nun an wird er den Rest seiner Leidenszeit etwas besser aushalten können als vor der Begegnung mit ihr.

Wer ein warmherziges Gefühl für einen anderen Menschen hegt, ist immer in einer günstigeren Lage als jemand, der einsam und ohne innere Bindung lebt. Dies erfährt auch der Bärenhäuter. Mit der erwachenden Liebe zu seiner Braut scheint zugleich seine Wahrnehmungsfähigkeit insgesamt – und besonders für die Armut anderer Menschen gewachsen zu sein, denn er tut Gutes, wo er nur kann. Verschenkt er sein »Teufelsgeld« nun ganz uneigennützig und selbstlos? Immerhin hat er sich aus freien Stücken dazu entschieden. Er steigert sich in seiner Großzügigkeit, Geld an die Armen zu verteilen, das ihn »fast nichts kostet«. Sobald er in die Tasche greift, hat er genug zum Weitergeben, aber immerhin muss er es *tun*. Das heißt, er ist offener und sensibler für die Nöte anderer geworden und scheint »Freude« am Verschenken gewonnen zu haben. Insofern ist er frei von Berechnung. Er verteilt ja auch nicht einfach wahllos, sondern sieht genau hin, welche Menschen ein Geldgeschenk wirklich benötigen. Er gibt reichlich und gern. Es ist ihm eine Genugtuung, die Not anderer Menschen zu lindern und ihr Unglück abzumildern. Daraus erwächst ihm ein positives Gefühl von Sinnhaftigkeit, das stärkt ihn innerlich. Er fühlt sich hilfreich und nützlich. Ein solches Gefühl hat er lange nicht mehr empfunden.

Zugleich erweitert er dadurch sein Bewusstsein für die menschlichen Belange und Abgründe, also auch für die eigenen. Je bewusster er handelt, umso besser kann er Fehler vermeiden. Sein großzügiges Geben schafft ihm viele Verbündete, die ihm dankbar sind. Dieses warme Gefühl von Dankbarkeit bildet einen emotionalen Schutzschild für den immer noch gefährdeten Bärenhäuter. Aber diese positiven Energien helfen ihm, sein Leben zu erhalten und gesund zu bleiben. Die Gebete und die Gefühle des Wohlwollens der Beschenkten umhüllen ihn und machen ihn nahezu unangreifbar. Das ist ein großer Segen für ihn. Das Abfedern der Leiden verursacht bei den Fremden Erleichterung und Glücksgefühle, diese wiederum nimmt der Bärenhäuter auf und erweitert sein Herz. So kann er umso freudiger geben und sich gleichzeitig an seinem Tun erfreuen. Indem er also Gutes tut, entlastet er die eigene Seele. Denn er hat schließlich viel Schuld auf sich geladen, als er als Soldat töten musste. Auch wenn es für ihn – damals – keine Alternative gab, so hat er sich dennoch im christlichen Sinn schuldig gemacht. Sein Gewissen ist ja nicht einfach deshalb entlastet, weil er sehr jung und noch ziemlich unbewusst war. Es sieht nun ganz so aus, als müsste er in den sieben Jahren der Bärenhäuter-Existenz so viel wieder gut machen, wie er zuvor an Unglück in die Welt gebracht hat. Je mehr Wohltaten er tut, desto besser dürfte es für sein seelisches Wohlergehen sein. Den tiefsten Punkt der Leidenszeit hat er ohnehin schon überwunden, weil er nun ja auch noch eine Verlobte hat, an die er mit ganzer Herzenswärme denken kann. Je mehr er zu seinen eigenen Gefühlen findet, desto besser lernt er sich kennen und umso besser kann er diese in der Außenwelt in Form von Mitgefühl, Anteilnahme und Hilfsbereitschaft zum Ausdruck bringen. Es entwickelt sich eine Wechselwirkung, die im Geben und Empfangen besteht: Geld zu geben und Dankbarkeit zu empfangen, was wiederum zu neuem Ansporn des Gebens führt. Grundsätzlich kann man sagen, dass er sich in der guten Lage befindet, überhaupt geben zu können.

Die Steigerung dieses humanen Verhaltens führt bei ihm zu einer inneren Entwicklung, nämlich zu mehr Herzensbildung und zur eigentlichen »Menschwerdung«. Denn was unterscheidet den Menschen vom Tier?

Vielleicht überwiegt am Ende dieser siebenjährigen Lebensphase sogar die Freude am Leben gegenüber dem Leiden. Denn wenn jemand so viel Gutes für andere tut, erlebt er dabei glückliche Momente. Er spürt seine Sinnhaftigkeit. Bei manchen Menschen kann dies sogar zu einem Rausch führen. Indem sie andere aus Armut und Not befreien, erlangen sie Gefühle der Überlegenheit oder gar der »Gottähnlichkeit«. Aber so weit geht es beim Bärenhäuter nicht. Er ist wohl eher zufrieden damit, dass er anderen Menschen helfen kann. Das Sprichwort »Geben ist seliger denn nehmen« könnte hier gelten. Der Bärenhäuter verteilt ständig und überall sein Geld an Bedürftige. Indem er anderen gibt, bereichert er sich selbst. Denn er ist von den eigenen Belastungen abgelenkt. Sein Denken kreist nicht mehr nur um die eigene Person. Jeder, der es einmal ausprobiert hat, aus einer Anteilnahme heraus, aus Mitgefühl oder einem Gefühl des Erbarmens, wird erlebt haben, wie viel ihm aufgrund dieses Handelns an seelischer Stärke zuteil geworden ist. Es fühlt sich wie ein inneres Erwärmen an und ist eine große Bereicherung.

Am Ende dieses Zyklusses von sieben Jahren ist der Bärenhäuter deswegen auch gar nicht mehr der Mann, der sehr zu bedauern wäre – im Gegenteil. Der Leser des Märchens zollt ihm Respekt, denn der Held hat diese langen schwierigen Lebensjahre durchgestanden, ohne dass er »Schaden an seiner Seele« genommen hätte. Er ist innerlich sogar lebendiger geworden, er ist gewachsen und gereift. Dies ist sofort zu erkennen an dem »neuen« Verhalten gegenüber dem Teufel, als er am Ende dieser Zeit am Ausgangspunkt des Geschehens ankommt. Der Ring von Bäumen ist erreicht. So schließt sich der Kreislauf, der hier begonnen hat. Vor sieben Jahren hat er an diesem magischen Ort seine menschliche Gestalt gegen eine tierähnliche Gestalt eingetauscht.

Schon als der Teufel eintrifft, ist klar zu erkennen, dass dieser mit dem, was in der Zwischenzeit geschehen ist, keineswegs einverstanden ist. Er blickt den Bärenhäuter nur »verdrießlich« an. Das heißt ganz eindeutig: Er erkennt, dass er den Pakt verloren hat. So hat er sich das Wiedersehen mit dem Bärenhäuter nicht vorgestellt. Er wollte über ihn triumphieren und sich über die menschliche Schwäche, nämlich der Geldgier zu erliegen oder sein Herz an materielle Güter zu hängen, erheben. Er wollte sich selber den Beweis geben lassen, dass Menschen leicht ihrer Maßlosigkeit verfallen, wenn sie versucht werden. Immerhin ist dies im Weltgetriebe oft genug vorgekommen. Der Teufel hat auf seine Verführungskunst gesetzt – und verloren. Die Bärenhäuter-Seele ist ihm nicht auf den Leim gegangen. Der Bärenhäuter als Repräsentant der Menschen hat allen Versuchungen, nämlich der Materie anheim zu fallen, widerstanden. Das ist für den Teufel eine herbe Niederlage. Das Böse hat nicht gesiegt, weil das Bündnis des Bärenhäuters mit den positiven Kräften stärker war. Trotz der sichtbaren Enttäuschung hält der Teufel dennoch Wort. Insofern ist er ein fairer Verlierer. Er wirft dem Bärenhäuter den alten Rock hin, den dieser zuvor getragen hat, und verlangt seinen grünen zurück. Nun könnte man meinen, dass mit der Rückgabe des grünen Rockes auch die zukünftige Geldquelle zum Versiegen gelangte, denn in seinem Soldatenrock fand er zuvor kein Geld. Wie es sich etwas später zeigt, sprudelt die »teuflische« Geldquelle auch in Zukunft, wie es in dem ursprünglichen Vertrag vereinbart worden war.

Aber eines hat sich gründlich geändert. Der Bärenhäuter legt am Ende seiner Leidenszeit ein vollkommen anderes Verhalten an den Tag. *Er* bestimmt das weitere Geschehen. Er stellt seine Bedingungen und fordert. Dem Teufel wird der Abgang nicht leicht gemacht. Zu seiner Beschämung über den verlorenen Pakt benutzt er ihn als seinen Knecht.

Nachdem der Bärenhäuter alle Auflagen des Vertrages eingehalten hat, verlangt er, dass der Teufel alles wieder in Ordnung bringt, was zu seiner Verunstaltung bis hin zur Tierähnlichkeit beigetragen hat. Er soll ihm nach seiner Vorstellung Dienste leisten. Der Teufel soll Wasser holen und den Bärenhäuter von allem Schmutz, der sich in sieben Jahren angesammelt hat, befreien. Es erscheint paradox, dass ausgerechnet der Teufel diese Aufgabe zu erfüllen hat. Die körperliche Reinigung des Bärenhäuters wirkt wie ein Ritual, das in vielen Kulturen von größter Bedeutung ist. Die Säuberung scheint den Bärenhäuter vom Schmutz der Verdammnis zu befreien. Es ist wie die Reinwaschung von allen Sünden, die ihn von allen Verunreinigungen und von allen seelischen Belastungen erlöst. Auf einer symbolischen Ebene wirkt die Waschung fast wie eine Taufe, die den Bärenhäuter wieder in die Gemeinschaft der Gläubigen aufnimmt, die alle für ihn gebetet haben. Er kehrt aus seiner Außenseiterposition zurück in die normale Gesellschaft. Ausgerechnet der Teufel muss dies tun, der sieben Jahre auf seine Seele gewartet hat. Das ist für ihn erniedrigend. Aber nun muss er so handeln, er hat keine Macht mehr über den Bärenhäuter. Wie ist es zu erklären, dass der Bärenhäuter nun so viel »Macht« über den Teufel hat? Die Zeit hat für den Bärenhäuter gearbeitet. Dieser hat zwischen den negativen und positiven Einflüssen zu unterscheiden gelernt und sich sehr bewusst für die positive Seite entschieden. Das hat seine Seele gestärkt. So muss der Teufel ihm darüber hinaus auch noch die Haare waschen und kämmen, die Fingernägel und Fußnägel schneiden, ihn rasieren. Gegen seinen Willen muss er ihn in seinen menschlichen Zustand zurückversetzen. Er tut es mit größter Abscheu, aber er kann nicht anders. Insofern verhält sich der Teufel fair. Dennoch ist es für den Teufel eine große Demütigung.

Interessant ist die Feststellung, dass der Bärenhäuter nach dieser ganzen Prozedur »schöner« aussieht als je zuvor. Er trägt ja wieder seinen alten Rock von vor sieben Jahren und ist um sieben Jahre älter geworden. Warum ist er nun ein so schöner Mann? Das lässt sich nur so erklären, dass er zu seinem eigenen Wesen gefunden hat. Er hat seine negativen und positiven Persönlichkeitsanteile miteinander in Einklang gebracht und dadurch zu seinem inneren Gleichgewicht, zu innerer Harmonie gefunden. Das Bündnis der entgegengesetzten Pole ist gelungen. Der Pakt zwischen der lichten, strahlenden Seite seines Wesens mit den eigenen Schwächen, Fehlern und den inneren Abgründen ist erfüllt. Er hat den besseren Teil seiner Individualität ausgebildet und ist bewusster geworden. Er hat viel Gutes getan und seine Seele dadurch »erhoben«. Das innere Leuchten strahlt jetzt durch seine ganze Persönlichkeit. Er hat sich mit den positiven Kräften verbunden und seine Seele dadurch erweitert. Es hat gewissermaßen eine seelische Reinigung stattgefunden, durch die er eine wunderbare Ausstrahlung erlangt hat.

11. Das Wiedersehen mit der Braut

Zeilen 142 – 174

Als der Teufel glücklich abgezogen war, so war es dem Bä-
renhäuter ganz leicht ums Herz. Er ging in die Stadt, tat einen
prächtigen Samtrock an, setzte sich in einen Wagen, mit vier
145 *Schimmeln bespannt, und fuhr zu dem Haus seiner Braut. Nie-*
mand erkannte ihn, der Vater hielt ihn für einen vornehmen Feld-
obrist und führte ihn in das Zimmer, wo seine Töchter saßen.
Er mußte sich zwischen den beiden ältesten niederlassen: sie
schenkten ihm Wein ein, legten ihm die besten Bissen vor
150 *und meinten, sie hätten keinen schöneren Mann auf der Welt ge-*
sehen. Die Braut aber saß in schwarzem Kleide ihm gegenüber,
schlug die Augen nicht auf und sprach kein Wort. Als er endlich
den Vater fragte, ob er ihm eine seiner Töchter zur Frau geben
wollte, so sprangen die beiden ältesten auf, liefen in ihre
155 *Kammer und wollten prächtige Kleider anziehen; denn eine jede*
bildete sich ein, sie wäre die Auserwählte. Der Fremde, sobald
er mit seiner Braut allein war, holte den halben Ring hervor und
warf ihn in einen Becher mit Wein, den er ihr über den Tisch
reichte. Sie nahm ihn an, aber als sie getrunken hatte und den
160 *halben Ring auf dem Grund liegen fand, so schlug ihr das Herz.*
Sie holte die andere Hälfte, die sie an einem Band um den Hals
trug, hielt sie daran, und es zeigte sich, daß beide Teile vollkom-
men zueinander paßten. Da sprach er: »Ich bin dein verlobter
Bräutigam, den du als Bärenhäuter gesehen hast, aber
165 *durch Gottes Gnade habe ich meine menschliche Gestalt wie-*
der erhalten und bin wieder rein geworden.« Er ging auf sie zu,
umarmte sie und gab ihr einen Kuß. Indem kamen die beiden
Schwestern in vollem Putz herein, und als sie sahen, daß der
schöne Mann der jüngsten zuteil geworden war, und hörten,
170 *daß das der Bärenhäuter war, liefen sie voll Zorn und Wut hin-*
aus; die eine ersäufte sich im Brunnen, die andere erhenkte sich

*an einem Baum. Am Abend klopfte jemand an der Türe, und als
der Bräutigam öffnete, so war's der Teufel im grünen Rock, der
sprach: »Siehst du, nun habe ich zwei Seelen für deine eine.«*

Zu Beginn dieses Kapitels finden wir einen ganz anderen
Bärenhäuter vor als in den vorangegangenen. Wie Phönix aus
der Asche ist aus dem verwahrlosten Tiergestaltigen ein junger
Mann entstiegen, der sich durch eine Schönheit besonderer Art
auszeichnet. Äußerlich fällt auf, wie sauber und gepflegt er aussieht. Er hat gekämmte Haare, geschnittene Fingernägel und wirkt
ansprechend und appetitlich, was bislang nicht der Fall war. Aber
dies allein macht noch nicht seine Persönlichkeit aus, denn er
ist wirklich ein Gewandelter. Warum? oder Wodurch? – Die jah-
relange Bedrückung und depressive Verstimmung, die an seine
Tiergestaltigkeit geknüpft war, ist nun überwunden. Sieben Jahre
lang war seine Seele gewissermaßen dem Teufel verpfändet.
Diese ständige Gefahr, aus einem Augenblick der Unachtsam-
keit eine Fehlleistung zu erbringen und dadurch den Vertrag zu
brechen, hat ihn sehr belastet. Er durfte sich jahrelang nicht gehen
lassen. Insofern war er nicht Herr seiner selbst, sondern lag am
Gängelband der Vertragsbindungen, zu denen er sich verpflichtet
hatte. Auf psychischer Ebene war es eine Selbstverpflichtung. Als
Bärenhäuter war er ein Abhängiger dieser Einschränkungen, ein
Abhängiger des Teufels, auf einer menschlichen Ebene war er ein
Abhängiger von seinen negativen Persönlichkeitsanteilen. Und
dennoch hat er sich ganz bewusst innerlich für mehr Menschlichkeit entschieden.

Vielleicht empfinden viele Menschen eine ähnliche Abhängigkeit
von ihrem Arbeitgeber, der ihr Vertragspartner ist, nur dass ihr
Risiko dabei nicht so hoch ist, nicht um den Preis des Seelenverlustes. Dennoch fühlt sich so mancher Arbeitnehmer seinem
Arbeitgeber ausgeliefert, weil er alle Aufgaben entsprechend
seines Arbeitsvertrages ohne Einschränkungen zu erfüllen hat,
denn ein häufiges Abweichen davon würde zur Kündigung führen.

Ohne Arbeit wäre er vom sozialen Netz abhängig, das in unserem Staat zwar vorhanden ist, dessen Inanspruchnahme ihn als willigen Arbeitnehmer jedoch nicht befriedigen würde. Normalerweise möchte er schon selber seinen Lebensunterhalt verdienen. Also bleibt den meisten Arbeitnehmern nichts anderes übrig, als die Bedingungen gegenüber dem Arbeitgeber zu erfüllen und die damit verbundenen Einengungen in Kauf zu nehmen.

In dem Augenblick, als der Bärenhäuter diese Lebensphase, in der er vom Teufel abhängig war, überstanden hat, erfasst ihn eine große Leichtigkeit. Er befand sich ja nicht nur in einer finanziellen Abhängigkeit vom Teufel, sondern wurde zugleich in »religiöser« Hinsicht eingeschränkt. Immerhin durfte er sieben Jahren lang kein Vaterunser beten und sich diesbezüglich nicht aktiv um sein Seelenheil bemühen. Wir wissen nicht, in welchen Lebenssituationen er ein solches Bedürfnis verspürt hat – oder wann ihn Ängste überfallen haben, von denen er sich am liebsten durch eine betende Einkehr nach innen und Hinwendung zum Schöpfer beruhigt hätte. Selbst wenig religiöse Menschen neigen in einer extremen Lebenslage dazu, ihren Schöpfer anzurufen. In der Nachkriegszeit war zum Beispiel in unserem Land zu beobachten, dass sehr viel mehr Menschen als heutzutage die Ausübung ihrer Religion praktizierten.

Wir wissen aus dem Märchentext, dass ihm der Wunsch zu beten wichtig war, sonst hätte er bei Vertragsabschluss nicht geäußert, dass er nur dann auf den Vertrag eingehen könne, wenn dieser seiner Seele nicht schade. Das heißt, er repräsentiert einen religiösen Menschen, dem es schwer fällt, auf die Ausübung religiöser Rituale zu verzichten. Ihm scheint es bewusst zu sein, dass solche Praktiken sein Seelenheil steigern. Dies empfindet er als Einschränkung seiner Religionsfreiheit. Insofern hat die Einhaltung dieser Vertragsbedingung, nämlich auf das Beten zu verzichten, ihm ein hohes Maß an Selbstdisziplin abverlangt. Er durfte sich wirklich *kein* einziges Mal gehen lassen, sich kein Mal vergessen in diesen sieben Jahren. Es scheint eine unmenschliche Forderung zu sein, sich *immer* vor einer »Fehlleistung« zu bewahren. Umso beachtlicher ist es, dass er es durchgehalten und geschafft hat. Wer vermag sich so eisern zu beherrschen? Welch einen Erfolg hat er nun erlangt.

Aber noch schwieriger, als diese äußerste Disziplin einzuhalten, dürfte es gewesen sein, dass auf seiner Seele so etwas wie ein Bann lag, weil der Vertrag mit dem Teufel schließlich kein gewöhnlicher Vertrag war. Immerhin stand mehr auf dem Spiel als nur Geld und sein Auskommen zu verlieren. Wie wird sich der ständige, latente Zugriff auf seine Seele ausgewirkt haben? Wir wissen schließlich nicht, was geschieht, wenn der Mensch nach dem Tod seine Seele verliert, obwohl wir manches über die Höllenqualen in der Bibel erfahren. Viele Menschen bezweifeln ohnehin die Existenz der Seele. Wovor sollten sie sich dann fürchten? Aber solche Menschen, die von der Existenz der menschlichen Seele überzeugt sind, wie unser Märchenheld, könnte die Vorstellung durchaus beunruhigen, dass die Seele in die Hände des Teufels fallen könnte.

In diesem Zusammenhang stellt sich die Frage nach der Seele des Menschen. Schon seit Alters her beschäftigt dies die Menschen, aber bis auf den heutigen Tag lässt sich keine eindeutige Antwort darauf geben. In früheren Jahrhunderten hat man den »Kopf« oder auch das »Herz« für den Sitz der Seele gehalten. Man hat sie einem menschlichen Organ zuordnen wollen, aber sie ist abstrakt. In der Gegenwart versuchen Neurologen mit modernsten technischen Geräten der Existenz der Seele auf die Spur zu kommen, aber bisher ist keine eindeutige Zuordnung möglich. Sie ist nicht fassbar und noch nicht zu definieren.

Viele Hinweise auf das Vorhandensein der Seele finden wir in den Psalmen der Bibel, aber eine Erklärung für sie gibt es nicht darin. Die Seele ist »wie ein Hauch Gottes«. Sie ist also »göttlicher Natur« und deshalb unsterblich. Sie macht den Menschen wertvoll, und sie steht als Metapher dafür, dass der Mensch sich nicht selber erschaffen kann. Wann spüren wir unsere Seele? Immer dann, wenn sehr tiefe Gefühle angesprochen sind, wie tiefe Trauer, Erschütterung, große Freude und große Liebe, dann scheint die Seele mit im Spiel zu sein. Die echten, tief greifenden Gefühle sind es, die durch die Seele wirken, sie erschüttern, niederschmettern oder sie - – im positiven Sinn – beflügeln und erheben. Wir erleben sie bei der Begegnung von »Seelenverwandten«. Dabei taucht blitzartig ein intensives Gefühl von gegenseitigem Vertrauen, Geborgenheit und Verstehen auf, das von Freude begleitet wird. Die Seele ist ein Synonym für das Ich, für das Individuum, für das ureigene Wesen. Sie steht für die Bewusstheit des Menschen, die positive Ausstrahlung, Nächstenliebe, Toleranz und den Lebensmut.

Der bedrohliche Griff nach seiner Seele, der eine Dauerbelastung für ihn war und Krankheit und Tod des Bärenhäuters zur Folge gehabt hätte, ist für uns Heutigen gar nicht leicht vorstellbar. Vielleicht ist ein solcher Zustand vergleichbar mit einer schweren Depression, bei der ein Mensch kaum noch er selbst ist, weil er sich wie von einem Mühlstein bedrückt fühlt. Das kann so weit gehen, dass er sich außer Stande sieht, nach eigenem Wissen und Gewissen zu handeln. Es gibt zum Beispiel Mörder, bei denen man den Eindruck gewinnt, dass sie während der Mordtat nicht Herr über ihre Sinne gewesen sind. Sie wirken wie »außer sich« und »fremdbestimmt«. Auch bei der Krankheit Schizophrenie gibt es Zustände der Persönlichkeitsspaltung, bei der die eine Seite der Persönlichkeit von der anderen Seite nichts weiß.

So weit geht es beim Bärenhäuter nicht. Zwar scheint die Existenz des Teufels wie ein schwerer Druck auf seiner Seele gelastet zu haben, aber einen direkten Zugriff hat er während des gesamten Zeitraums nicht auf sie. Der Bärenhäuter ist sich jedoch der großen Gefahr vollauf und ständig bewusst, die der Höllenfürst für ihn bedeutet. Er will gesund bleiben und sich seine Seele erhalten. Er möchte die Zeit seelisch und körperlich unbeschadet überstehen und zu seiner Braut zurückkehren. Seine innere Gesinnung ist wohl auch konstruktiv, denn er hat sich zwar verbal auf den

Vertrag eingelassen, nicht aber mit seiner Psyche. Die versucht er herauszuhalten. Wahrscheinlich ist es gerade seine Seele, die ihm die Kraft zum Aushalten der riesigen Belastung verleiht, und seine Seelenruhe. Sein Denken ist frei. Je stärker er sich zum Beispiel auf sein positives Handeln gegenüber den Armen konzentriert, desto geringer ist der Einfluss des Teufels. In solchem Tun handelt er nach selbst gesteckten Zielen und aus eigener Verantwortung. Dennoch dürften diese sieben Jahre wie ein »Spiel mit dem Höllenfeuer« für ihn gewesen sein. Da er stets am Rand des Seelenverlustes gestanden hat, ist er nun überglücklich, als die Zeit endlich zu Ende geht. Als sich der Teufel von ihm entfernt, spürt er, wie ungeheuer groß die Erleichterung darüber ist, dass er alle seine Vertragsbedingungen einzuhalten vermochte. Da er vertragstreu geblieben ist, bleibt dem Teufel nichts anderes übrig, ihn für den Rest seines Lebens mit genügend Geld zu versorgen. Der Bärenhäuter hat schon zu Lebzeiten Höllenqualen durchlitten, aber er hat sie durchgestanden und ist nun frei von allem Druck, von aller Gewissenslast und deshalb ist er sehr erleichtert. Es wird ihn mit Freude und Stolz erfüllen, diese schweren Jahre ausgehalten zu haben. Bis zu seinem natürlichen Lebensende ist er zudem von allen finanziellen Sorgen erlöst.

Seine Erleichterung darüber setzt er in aktive Handlung um. Nun kann sich der schöne junge Mann ohne Scham wieder in der Stadt sehen lassen. Da er über genug Geld verfügt, kauft er sich neue Garderobe ein. Er möchte hübsch angezogen sein, wenn er dann – sobald wie möglich – zu seiner Verlobten kommt. Er kleidet sich in einen »prächtigen Sammetrock«, der etwas hermacht. Durch die vielen Jahre, die er optisch in einem so erbarmungswürdigen Zustand verbringen musste, ist nun das Gegenteil gefragt. Gepflegt, sauber und attraktiv aussehen will er. Er möchte sich endlich wohl fühlen in der »zweiten« Haut, die wir Kleidung nennen. »Kleider machen Leute«, das hat er in negativer Hinsicht hinreichend erfahren. So abstoßend – wie bisher – möchte er sich auch selber nicht mehr begegnen. Das soll endgültig der Vergangenheit angehören. Da er nun innerlich gereift ist und sich gewandelt hat, muss die äußere Erscheinung dem Rechnung tragen. Seine Seele ist reingewaschen und geläutert. Aber damit nicht genug. Er möchte den weiten Weg zu seiner Verlobten und zu seinem künftigen Schwiegervater auch nicht zu Fuß gehen, wie er es bisher getan hat. Das Geld reicht für einen Wagen mit vier Schimmeln. Er begnügt sich nicht etwa mit einer einfachen Kutsche, die von einem Pferd gezogen wird, nein, nun will er sich etwas Gutes tun. Solchen »Luxus« hat er sich als Bärenhäuter nie gegönnt. Außerdem brennt ihm die Zeit unter den Nägeln, die nun keine Krallen mehr sind. Er hatte seiner Braut versprochen, dass sie frei wäre, wenn er nicht nach drei Jahren wiederkäme. Sie ist eine hübsche junge Frau und könnte genug haben von der langen Wartezeit. Insofern drückt ihn innerlich eine große Ungeduld. Er möchte sie so schnell wie möglich wiedersehen und sie liebevoll in seine Arme schließen können. Er ist auch neugierig auf sie. Wie mag sie sich verändert haben? Wird sie sich freuen, ihn wiederzusehen? Wird sie ihn überhaupt wiederkennen – so anders, wie er jetzt aussieht? Fragen über Fragen werden ihn auf der Fahrt zum Haus seiner Verlobten beschäftigen. So wird er mit großen inneren Spannungen den Weg dorthin zurücklegen und von Sehnsucht getrieben sein. Vorfreude, aber auch Ungewissheit über die jetzigen neuen Verhältnisse werden ihn dabei begleiten.

Als er endlich dort eintrifft und der Brautvater ihm die Tür öffnet, erkennt dieser ihn nicht wieder. Wie sollte er auch? Dass dieser vornehme junge Mann der gleiche sein sollte wie der Bärenhäuter, lässt sich nicht ahnen. Wenn auch seine Augen, seine Stimme und die Körpergröße dieselben geblieben sind wie vor drei Jahren, so kann der künftige Schwiegervater sich nicht vorstellen, dass es einen Zusammenhang zwischen ihm und dem Bärenhäuter von damals geben kann.

So kommt er auch gar nicht auf eine solche Idee, sondern glaubt, es handele sich bei diesem »Fremden« um einen Feldobristen, der vielleicht Kunde davon erhalten hat, dass er drei wunderschöne Töchter im heiratsfähigen Alter hat. Es wird ohnehin Zeit, dass diese allmählich unter die Haube kommen. Ein so stattlicher Mann kommt da gerade recht, der wäre bestens geeignet, eine von ihnen zu ehelichen. Also führt er den vermeintlich Fremden gleich in das Zimmer, wo sich seine Töchter aufhalten. Die beiden älteren verstehen die Situation sofort und versuchen, den stattlichen Mann, der zwischen den beiden sitzt, für sich einzunehmen, indem sie ihn mit den leckersten Bissen verwöhnen und ihm Wein einschenken zur Feier dieses besonderen Anlasses. Sie verhalten sich so, wie es wohl fast jede junge Frau tun würde, die eine Chance für eine mögliche Partnerschaft gewittert hat. Eine solche Gelegenheit ergab sich nicht so leicht und so wollten sie sie beide nutzen. Sie haben nicht die leiseste Ahnung, um welche Person es sich handelt, zumal er von einer solch besonderen Schönheit ist. Wie sollten sie auch wissen, um wen es sich handelt?

Das Verhalten der Braut, die still und mit niedergeschlagenen Augen dasitzt, hebt sich deutlich von dem ihrer Schwestern ab. Sie spricht kein Wort und bleibt in sich gekehrt sitzen. Wie ist das zu verstehen? Ahnt *sie* etwas von dem, was hier vor sich geht? Zumindest lässt sich eines sagen, bis zu diesem Zeitpunkt hält sie sich aus der Ausschau nach einem Bräutigam heraus. Die Wartezeit von drei Jahren ist beendet, sie hätte das schwarze Kleid gegen ein farbenfroheres eintauschen können. Aber danach ist ihr nicht zu Mute. Sie wirkt selber fast wie tot in ihrer Trauerkleidung und traut sich nicht, eine Miene zu verziehen. Vielleicht sorgt sie sich um ihren Bräutigam, kann sich aber mit niemandem darüber unterhalten, wie es um ihr Inneres bestellt ist. Ein Sterbenswort über ihr seelisches Leiden hätte die Schwestern nur zu weiterem Spott und mehr Häme veranlasst. Also trägt sie – still und stumm – ihr Schicksal ganz allein. Sie trägt es mit Selbstdisziplin und mit Fassung, da mögen sich die Schwestern um diesen attraktiven Mann ruhig streiten und um ihn buhlen. Die Situation ist auch für den »Bärenhäuter« schwierig, denn so wie die beiden älteren Schwestern um ihn werben, findet er keine Möglichkeit, sich seiner Verlobten zu erkennen zu geben. Also muss er sich etwas einfallen lassen, um die beiden älteren Töchter zu verscheuchen. So fragt er seinen künftigen Schwiegervater, ob er ihm wohl eine seiner Töchter zur Frau geben wolle. Die Reaktion der beiden älteren war vorauszusehen. Sie hatten bereits zur Schau gestellt, wie groß ihr Interesse an diesem Mann ist. An diesem Verhalten wird deutlich, wie sehr sich beide Schwestern einen »passenden« Mann gewünscht haben. Jede von ihnen bezieht die Wahl wie selbstverständlich auf sich. Dies zeigt, wie selbstgefällig sie sind. Es kommt ihnen nicht der mindeste Zweifel daran, dass sie gar nicht gemeint sein könnten. Darin unterscheiden sie sich deutlich von der jüngsten Schwester, denn diese käme gar nicht auf die Idee, dass der Antrag des schönen Mannes ihr gelten könnte. Demnach bringt sie den »Bärenhäuter« mit dem »Antragsteller« noch nicht in Verbindung, zumindest hätte sie zu diesem Zeitpunkt Zweifel an einer solchen Möglichkeit. Sie bleibt still und bescheiden und wartet in Treue auf die Rückkehr ihres Verlobten.

Während ihre Schwestern aufgrund der beabsichtigten Brautwahl sofort verschwinden, um sich herauszuputzen, die feinsten Kleider anzuziehen und um sich eines Heiratsantrages würdig zu erweisen, bleibt die jüngste Schwester zurück, rührt sich nicht und wartet ab, was geschieht. Während die beiden älteren glauben, durch prächtige Kleidung imponieren zu können, gehen der jüngsten ganz andere Gedanken durch den Kopf. Vielleicht erinnern die Augen und die Stimme ihres Gegenübers sie doch irgendwie an ihren Bräutigam. Aber darüber hinaus ist so gar keine Ähnlichkeit mit ihm auszumachen. Was soll sie von der Situation halten? Sie bleibt am Tisch sitzen. Als die beiden endlich allein sind, holt der Bräutigam den halben Ring hervor, wirft ihn in einen Weinbecher und reicht diesen seiner Braut. Erst nachdem sie den Becher leer getrunken und die Ringhälfte entdeckt hat, weiß sie mit Sicherheit, um wen es sich bei dem »Fremden« handelt. Die fehlende Ringhälfte ist das Erkennungssymbol. In diesem Augenblick erlebt sie ein tiefes Glücksgefühl.

Die empfangene Ringhälfte passt auf ihre Hälfte. Somit ergeben die beiden Hälften zusammen wieder einen Kreis. Es schließt sich ein Kreislauf, die lange Wartezeit ist endlich vorüber, denn die beiden – Braut und Bräutigam – finden zueinander. Sie erkennen einander, das heißt nämlich auf einer anderen Ebene, dass sie für einander bestimmt sind. Sie gehören von nun an einander an, aber sie »besitzen« einander nicht. Das ist ein Aspekt, der von vielen Brautleuten missverstanden wird. Für den Bärenhäuter ist dies der zweite Kreis-Lauf, den er vollführt. Zum einen war es der Ring der Bäume, den er wiedergefunden und wo er den Vertrag mit dem Teufel vollendet hat, zum anderen fügt sich seine Ringhälfte mit der seiner Braut zusammen. In dieser Doppelung der Kreise liegt zugleich eine Verstärkung hin zur Ganzheit.

In dem Siebenjahresrhythmus ist ein Dreijahresrhythmus enthalten, der zu Ende gegangen ist, also ein größerer und ein kleinerer haben sich vollzogen. Beide Zahlen, die Sieben und die Drei sind typische Märchenzahlen. Sie kommen in sehr vielen Märchen vor und haben schon deshalb einen hohen symbolischen Stellenwert. Die Sieben enthält die Drei, denn vier und drei addiert ergibt wieder sieben. Vier Jahre lang wanderte der Bärenhäuter umher, bis er den alten Mann kennen lernte, drei Jahre dauerte die Verlobungszeit. Die Sieben ist eine dynamische Zahl aufgrund der Zusammensetzung von Vier und Drei. Die Vier steht für Ganzheit und ist irdisch, die Drei steht für die schöpferische Geisteskraft. Die Zahl sieben deutet auf eine psychische Dynamik hin, auf eine Entwicklung, die stattfindet. Es ist eine Stufenfolge darin enthalten, eine Wandlung, die auf die Acht hinzielt, die als die Erfüllung der Ganzheit gilt. Die Sieben wird auch als heilige Zahl angesehen, weil sie mit der Seele verbunden ist, die sich der Bärenhäuter nur mit größter Mühe bewahren konnte. Aber nun ist sie gereift, geläutert und strahlend.

Sowohl der Bärenhäuter als auch seine Braut haben in den Jahren der Trennung schwere Zeiten durchgemacht. Die erfahrenen Herausforderungen sind einer Prüfung gleichzusetzen und können deshalb als Läuterung betrachtet werden. Jeder von ihnen hat auf seine Weise die Lebenskrise bewältigt. Erst jetzt ist es möglich, als Paar zueinander zu finden. Der Ring steht für ihre Zusammengehörigkeit, Verbundenheit und gegenseitige Treue. Vereint potenzieren sich ihre Kräfte. Der Ring symbolisiert den Bund der Ehe. Deshalb wird er auch heute noch bei Eheschließungen ausgetauscht und anschließend getragen, um ihre Gebundenheit und Verantwortung füreinander nach außen hin zu signalisieren. Nach außen soll das Paar durch dieses Ritual besser geschützt sein. Gleichzeitig drückt sich im Tragen der Ringe ein Demonstrieren von Zugehörigkeit der beiden Partner gegenüber der Gesellschaft aus. Sie demonstrieren eine Einheit. Sie wollen gemeinsam alle zukünftigen Schwierigkeiten schultern und bewältigen. Trotz aller Veränderungen, die das Leben mit sich bringt, und aller Wandlungen, die die Zukunft ihnen abverlangen wird, wollen sie im Bund der Ehe zueinander stehen.

Erst nachdem die Braut die Probe aufs Exempel gemacht und gesehen hat, wie die beiden Ringhälften zueinander passen, gibt sich der Bärenhäuter ihr zu erkennen. Er bedient sich einer christlichen Ausdrucksweise, indem er von »Gottes Gnade« spricht, durch die er »seine menschliche Gestalt« zurückerhalten habe und durch die er wieder rein geworden sei. Darin drückt sich eine tiefe Religiosität aus, denn die »Gnade Gottes« kann der Mensch nicht einfach »verdienen« oder »erwerben«, sondern sie muss ihm zuteil werden. Das liegt nicht in seiner eigenen Hand. Gnade ist immer ein Geschenk. Zwar kann er sie erbitten, aber dies garantiert noch nicht, dass er sie auch empfängt. Der Märchenheld ist sich dieser Tatsache bewusst. Darin zeigt sich seine Beziehung zur Transzendenz.

Zum Abschluss und als Besiegelung der schwierigen Leidenszeit nimmt er seine Braut in den Arm und küsst sie. Da er nun wieder eine menschliche Gestalt angenommen hat, ist auch die gegenseitige physische Annahme viel besser möglich. Es ist das erste Mal, dass das Märchen von einer solchen Hinwendung spricht.

Während Braut und Bräutigam sich aufeinander zu bewegt haben, zueinander gefunden und ihre Liebe durch einen Kuss besiegelt haben, putzen sich die beiden Schwestern heraus. Wahrscheinlich ziehen sie ihre prächtigsten Kleider an, schmücken sich, frisieren ihre Haare und machen sich so gut zurecht, wie es ihnen nur irgend möglich ist. Sie ahnen beide nicht, dass sich hinter ihren Rücken die Partnerwahl längst vollzogen hat.

Interessant ist es, wie wichtig ihnen die optische Ausstaffierung ist. Vor lauter Äußerlichkeiten kommen sie gar nicht auf die Idee, dass das Eheversprechen schon stattgefunden hat. Sie bewegen sich auf einer ganz anderen Ebene, die oberflächlich und veräußerlicht ist. Ihr Denken kreist um ihre Garderobe und ihre Schönheit, zugleich sind sie von einem Anspruchsdenken erfüllt. Sie glauben, dass die nach außen sichtbare Selbstdarstellung wichtiger sei als die seelisch-emotionale Übereinkunft mit einem Partner. Dafür fehlt ihnen die »Antenne«, die Wahrnehmungsmöglichkeit. Diese Defizite konnten schon während der gesamten Verlobungszeit der jüngsten Schwester bei ihnen festgestellt werden.

Der Kontrast zwischen der schlichten Begegnung von Braut und Bräutigam, indem sich Herz zu Herz gefunden hat, ist zu den beiden Schwestern, die nun in vollem Putz ins Zimmer treten, besonders auffällig. Es klingt etwas Höffärtiges an – so wie sie in Erscheinung treten. Sie »rauschen« herein – wohl in der vollen Überzeugung, großen Eindruck auf den »Fremden« machen zu können. Ihre Einschätzung der Situation stimmt mit der Realität nicht überein. Ihre Vorstellung von weiblicher Schönheit beschränkt sich ganz auf die äußerlich sichtbare Fassade, deswegen verkennen sie die Möglichkeit, dass es so etwas wie »seelische Zugehörigkeit« geben kann. Aber in diesem Augenblick, als sie ihre jüngste Schwester im Kuss vereint mit dem »Fremden«

sehen, wird ihnen blitzartig klar, dass ihre vermeintliche Chance »verpasst« ist. Sie werden sich nicht vorstellen können, *warum* sie gar keine Chance hatten, die Auserwählte zu werden. Dazu mangelt es ihnen an Selbstkritik, an diesem stillen Eingeständnis von eigener Unzulänglichkeit. Im gesunden Maß ist Selbstkritik so etwas wie ein Selbst-Korrektiv. Sie verhilft den Menschen zu einer bewussten Beurteilung ihrer selbst und erspart ihnen eine Selbstüberschätzung, sie bewahrt sie vor jeglicher Überheblichkeit und Anmaßung. Aber wenn diese fehlt, dann besteht ständig die Gefahr, sich anderen gegenüber überlegen zu fühlen oder gar der Selbstherrlichkeit zu verfallen.

Die jüngste Schwester hat sich hingegen Jahre ihres Lebens in einer Selbstbescheidung geübt. Sie ist durch die schwierige Leidenszeit innerlich erstarkt, während die älteren Schwestern gar nicht wissen, was es mit der inneren Entwicklung der jüngsten Schwester auf sich hat. Insofern wird deutlich, wie groß die Kluft zwischen den beiden älteren Schwestern und der jüngsten ist. Während letztere sich weiter entwickelt hat, sind die beiden anderen stagniert.

In dieser Situation erfahren die beiden Schwestern zudem, dass dieser schöne, begehrenswerte junge Mann der ehemalige Bärenhäuter ist. Das setzt alledem noch eine Krone auf. Denn sie waren es, die ihn niedergemacht, verachtet und veralbert haben. Mit ihren Abwertungen haben sie sich jahrelang über ihn erhoben und ihn dadurch entwürdigt. Sie haben nie einen Gedanken darauf verwendet, dass sie ihrem Schwager die Rettung vor dem wirtschaftlichen Ruin verdanken. Sie haben ihrem Spott gegenüber ihrer jüngsten Schwester freien Lauf gelassen und sich dabei selbstbewusst und erhaben gefühlt.

Nun geschieht ihnen genau das, was das Sprichwort sagt: Hochmut kommt vor dem Fall.

Die beiden Schwestern erleben geradezu einen Schock, als sie erfahren, dass der ehemalige Bärenhäuter eine solche Wandlung durchgemacht hat. Er erscheint ihnen wunderschön und begehrenswert. Aber sein Herz hat er längst vergeben. Dies begreifen sie instinktiv. Sie wissen nun, dass sie für ihn gar nicht in Betracht kamen, und das hält ihre kaputte Psyche nicht aus. In diesem Augenblick erleben sie eine abgrundtiefe Enttäuschung. Nachdem sie sich während des Umkleideprozesses die hochfahrendsten Hoffnungen gemacht haben, können sie nun diese Niederlage nicht akzeptieren. Aus ihrem Inneren bricht sich Zorn, Ärger und Verzweiflung Bahn, so dass sie ganz außer sich geraten. Sie sind nicht mehr Herr ihrer selbst, sondern scheinen in dieser Situation wie fremdbestimmt zu sein. Der Traum von einem wunderschönen Mann und Ehepartner platzt wie eine Seifenblase. Es bleibt nur »Asche«, Enttäuschung und Hoffnungslosigkeit zurück. Mit dieser Aussichtslosigkeit können sie nicht umgehen. Deshalb stürzen sie sich beide ins Unglück. Die eine stürzt sich in den Brunnen, wählt also den Tod des Ertrinkens, den »Wassertod«; die andere erhängt sich, wählt den »Lufttod«, den Tod durch Ersticken.

Ein solches Verhalten entspringt einer Panik. In dieser Panik wird deutlich, dass sie nie gelernt haben, die Rolle des Verlierers zu übernehmen. Niemand wird »gern« oder »freiwillig« eine solche Rolle übernehmen wollen. Trotzdem erlebt jeder Mensch im Lauf seines Lebens Situationen, aus denen er eben nicht als Sieger hervorgeht, sondern sich mit dem Sich-geschlagen-Geben auseinandersetzen muss.

Deswegen ist es wichtig, dass Kinder bereits im Spiel lernen, dass sie auch verlieren können. Das ist eine frühe und bittere Erfahrung. Aber dennoch ist es gut und wichtig, wenn diese als Kind erlebt und eingeübt wird, um künftigen Situationen besser gewachsen zu sein.

So endet das Leben der Schwestern tragisch. Sie haben sich – blind vor lauter Zorn, Wut und Enttäuschung ihrer Selbstjustiz ausgeliefert. Ihre blockierten Sinne waren für andere Lebenslösungen nicht mehr zugänglich. In Märchen kommt es häufig vor, dass immer dann, wenn eine Märchenfigur keine Entwicklung mehr macht, ihr Leben endet.

Am Ende des Märchens tritt der Teufel noch einmal in Erscheinung. Er hat das letzte Wort und teilt dem Bärenhäuter mit, dass er nun zwei Seelen für die eine erhalten habe. Auch wenn der Text es nicht hergibt, klingt dabei eine gewisse Häme mit an. Er hat plötzlich einen Erfolg, mit dem er nicht hat rechnen können. Der Bärenhäuter konnte sich dem Zugriff des Teufels mühsam entziehen, weil er mit zunehmender Bewusstheit für das Heil seiner Seele gesorgt hat. Er konnte nicht ahnen, wie es um die Schwestern seiner Braut bestellt war. Er hatte sie nur kurz kennen gelernt, als er sich vor drei Jahren mit seiner Braut verlobt hat. Woher wollte er wissen, was diese in der Zeit seiner Abwesenheit durch ihre Schwestern erlitten hat? Der Bräutigam hat während dieser langen Jahre keinerlei Kontakt zu ihr gehabt. In der heutigen Zeit ist es sicherlich schwer zu verstehen – vor allem für junge Leute –, wie man ohne E-Mails, Telefongespräche, SMS-Botschaften oder konventionelle Briefe lange Trennungszeiten aushalten soll. Aber in früheren Jahrhunderten gab es die modernen Medien nicht. Man hätte höchstens einen Reiter zur Überbringung einer Botschaft schicken können. Dies ist im Verlauf der drei Jahre nicht geschehen, und so hat der Bräutigam nicht die geringste Vorstellung und Kenntnis davon, wie es seiner Braut ergangen ist. Auch in der kurzen Zeit des Wiedersehens ergab sich noch keine Gelegenheit, um sich über die vergangene Zeit auszutauschen. Darüber werden sie in Zukunft miteinander reden können. Insofern ist es für den Bräutigam eine ganz neue Information, dass die Schwestern, seine Fast-Schwägerinnen, sich so destruktiv verhalten haben, dass die Seelen der Verstorbenen in die Hand des Teufels gelangt sind. Das Auftrumpfen des Teufels, dass er letztlich als ein Gewinner aus dieser Geschichte hervorgegangen zu sein scheint, macht es dem Bräutigam bewusst, welches große Glück – und – wie er sagt – welche Gnade er erfahren hat, vor dem Zugriff des Teufels verschont geblieben zu sein.

12. Von der Braut zur Märchenheldin

Die Braut ist in diesem Märchen neben dem Bärenhäuter und dem Teufel die nächst wichtige Gestalt. Sie entwickelt sich im Verlauf des Märchens von einer ganz unscheinbaren Figur zur Märchenheldin. Sie tritt erst ungefähr in der Mitte des Märchens auf den Plan. Zunächst wird sie nur im Zusammenhang mit den drei Töchtern erwähnt, die der alte, verarmte Mann hat. Sie werden dem Bärenhäuter verbal als »Wunder von Schönheit« vorgestellt. Das einzige »Kapital«, das dem Alten nach dem Verlust seines Vermögens geblieben ist, sind seine Töchter. Wenn er diese alle drei gut verheiraten könnte, wäre schon viel gewonnen. Das Alter dafür scheinen sie erreicht zu haben. Nun fehlt es nur noch an den adäquaten Schwiegersöhnen. Der Vater macht keinen Unterschied zwischen den drei Töchtern. Möglicherweise sehen sie alle drei wirklich gut aus und kämen als Braut für den Fremden in Betracht. Die tatsächliche Begegnung mit der Märchenbraut erfolgt erst im letzten Drittel des Märchens.

Der Vater der drei Töchter hat wohl ursprünglich ein gutes Vermögen besessen und mit seiner Familie ein ordentliches Auskommen gehabt. Warum sein Vermögen dahingeschmolzen ist, darüber berichet das Märchen nichts. Ein Grund dafür könnte natürlich darin liegen, dass sie die Kriegszeiten überdauern mussten. Überall auf der Welt kommt es vor, dass die Menschen in Kriegszeiten von ihrem Besitz zehren müssen. Allerdings sind schon vier Jahre nach dem Krieg vergangen, als der Bärenhäuter die drei Töchter des Alten vorgeführt bekommt. Auch in der Nachkriegszeit scheint der alte Vater keine Chance gehabt zu haben, sein Vermögen wieder aufzufüllen. Es war zu der Zeit, als das Märchen spielt, auch nicht üblich, die Töchter einer vielleicht bürgerlichen Familie arbeiten zu lassen. Also musste der Vater zusehen, wie er sie alle durchbrachte. Vielleicht war er selber schon zu alt und nicht mehr vital genug, um durch eigene Arbeit Geld zu verdienen. Die finanzielle Notlage bekommt auch die jüngste

Tochter deutlich zu spüren. Möglicherweise hat sie dadurch gelernt, sich zu bescheiden.

Für den Vater ist es ein Glücksfall, auf einen Mann – wenn auch auf einen, der wie ein Bär aussieht – zu treffen, der finanziell sehr gut gestellt ist. Ohne seine Töchter gefragt zu haben, gibt er dem »Bärenmann« das Versprechen, sich eine von seinen Töchtern aussuchen zu können. Dies ist sehr leichtsinnig, weil es nahe liegt, dass die Töchter sich für so einen »Tierbräutigam« möglicherweise nicht interessieren würden.

Diese Thematik des voreiligen Versprechens kommt im Märchen häufig vor, zum Beispiel in »Das singende, springende Löweneckerchen«. Die väterliche Vorherrschaft geht zu Lasten der Tochter, die das Versprechen einlösen muss, einen Löwen zu heiraten.

Da die beiden älteren Schwestern sich für viel zu wertvoll erachten, als dass sie sich auf eine Beziehung mit einem »Tiermenschen« einließen, bleibt das Problem an der jüngsten hängen. Sie »opfert« sich gewissermaßen für den Vater, um ihn nicht ins Unrecht zu setzen, und übernimmt sofort eine Mitverantwortung für sein Handeln. Ihr Pflichtgefühl gegenüber dem Vater als auch gegenüber dem Fremden bewegt sie dazu, das Verlöbnis anzunehmen. Da sie intuitiv das gute, großzügige Herz des Fremden erkennt, spürt sie, dass sie das väterliche Versprechen einzulösen vermag. Gleichzeitig lässt sie sich hier auf ein unabsehbares Risiko ein. Denn was weiß sie über den Fremden, mit dem sie sich verlobt? Sie denkt in dieser Situation nicht über ihre persönlichen Wünsche und Belange nach, sondern ergibt sich »vertrauensvoll« in ihr Schicksal. Sie tut dies aber nicht »blindlings«, sondern akzeptiert die Gegebenheit. Das ist ein »typisches« Verhalten von Märchenheldinnen.

Was ist es, was ihr so viel Mut gibt? Oder handelt es sich hier nur um »blinden Gehorsam« verbunden mit Leichtsinn?

Immer wieder stellen wir in den Märchen fest, aus welchem tiefen Urvertrauen heraus die Märchenhelden handeln. Es ist beachtlich, dass sie es überhaupt haben. Denn wenn wir die heutige Realität kritisch beleuchten, so ist zu beobachten, welche große Gefahr darin liegt, einem anderen Menschen aus tiefster Seele zu vertrauen. Wie viel menschliches Leid ist aus solchem Verhalten schon in die Welt gekommen, denn Beispiele für enttäuschtes Vertrauen gibt es zuhauf. Da verspricht der Verlobte seiner Braut die »ewige Liebe«, und schon drei Jahre nach der Eheschließung ist die Beziehung zerbrochen. Im anderen Fall verspricht der Börsianer seinem Kunden eine großartige Geldanlage, und bald darauf ist das Vermögen zum Teufel.

Aber warum sind sich die Märchenhelden bei solchen lebensbestimmenden Entscheidungen so sicher?

Zum einen ist es wohl die gut entwickelte Intuition oder Eingebung, über die sie verfügen. Es ist, als hörten sie eine innere Stimme, die sie im richtigen Augenblick das Richtige tun lässt. Aber eine Garantie für die Richtigkeit ihrer Entscheidung besteht nicht. Wie erklärt sich ihre Sicherheit? Mir scheint es dafür nur eine Erklärung zu geben: Die Märchenhelden fühlen sich im tiefsten Inneren von einer höheren Macht – nennen wir sie Schöpferkraft – geführt. Sie »müssen« so handeln, wie sie es tun, sie können nicht gegen dieses »innere Wissen« verstoßen. Sie verfügen über eine innere Überzeugung, so ähnlich wie Tiere ihren Instinkten folgen.

Dies will ich an einem Beispiel aufzeigen, denn auch heutzutage gibt es wohl Vergleichbares.

Ein Mann aus unserer Nachbarschaft muss häufig auf Geschäftsreisen gehen. Er hatte für den Weiterflug in den USA einen bestimmten Flug gebucht. Danach überfiel ihn eine große innere Unruhe, die ihn nachts nicht schlafen ließ. Außerdem rief ihn am Ort ein Geschäftspartner an, der mit ihm noch einen Termin vereinbaren wollte, der während der Flugzeit lag. Kurzerhand entschied sich der Kaufmann, seinen Flug umzubuchen. Dies rettete sein Leben, denn die Maschine stürzte ab, und es gab viele Tote.

Wie deutlich wird, hat auch dieser Mann einen Zugang zu seinem tiefsten Inneren und zur »göttlichen Führung«.

Nun könnte man sagen: Was hilft es *mir* denn, wenn Märchenhelden – oder Leute wie dieser Mann im Beispiel diese Möglichkeit haben?

Grundsätzlich könnte jeder Mensch Zugang zu seiner Intuition haben, wenn er sie nicht blockieren und sie mit seiner Vernunft ablehnen würde. Wir selbst verschulden diese Abwehr. Entscheidungen, die immer und vorwiegend über den Intellekt getroffen werden, sind oft nachteilig, weil der Seelenanteil unberücksichtigt bleibt.

Unsere Märchenheldin trifft hier eine weit reichende Entscheidung, die ihre gesamte zukünftige Lebenszeit bestimmen wird. Da sie diese Entscheidung im Einklang mit ihrer Seele fällt, ist sie richtig. Zwar muss sie zunächst dafür eine lange Leidenszeit in Kauf nehmen, sie muss sich drei Jahre lang von ihren Schwestern die bösartige Häme gefallen lassen, aber nach dieser Zeit der inneren Reifung, der Introversion und des inneren Wachsens geht sie gestärkt aus der Lebenskrise hervor. Am Ende des Märchens ist sie die strahlende Braut. Da merkt niemand mehr, durch welches Tal der Finsternis sie gegangen ist. Zugleich ist sie die bis dahin fehlende passende Partnerin des Märchenhelden.

Zu Beginn der Lebenskrise kann sie weder wissen noch ahnen, dass sie am Ende der drei Jahre siegreich aus dem Lebenskampf hervorgehen würde. Vielleicht spürt sie dennoch so eine innere Gewissheit, den Leidensdruck aushalten zu können. Wie viele Menschen würden Lebenskrisen besser bewältigen, wenn sie vorher wüssten, dass sie am Ende einer langen Unglücksphase wieder Licht am Ende des Tunnels sehen könnten. Menschen mit einem unerschütterlichen Gottvertrauen leben es uns mitunter vor, dass auch schwierigste Zeiten zu überstehen sind. Allerdings gehören etwas Glück oder sogar »Gnade« dazu. Die Frage muss offen bleiben, ob der Mensch sich die göttliche Gnade durch sein unerschütterliches Vertrauen »erwirbt«.

Die schwesterlichen Attacken, die die Märchenbraut drei Jahre lang erlebt, kommen einer nahezu Entwurzelung gleich. Sie kann sich dagegen nicht wehren, denn noch fehlen Mut und Kraft gegen diese schwesterliche Übermacht anzugehen. Sie muss diese Angriffe klaglos aushalten und erdulden. Von ihrem Vater kann sie in der Zeit sicher keinen Rückhalt erwarten, weil dieser wahrscheinlich nicht einmal ahnt, wie »psychisch verkommen« seine beiden älteren Töchter sind. So bleibt die junge Braut in der eigenen Familie ungeborgen und eine Isolierte und muss sich zwangsläufig auf sich selbst besinnen, nach innen lauschen, das Durcheinander ihrer Emotionen abklären und sich auf die eigenen Impulse verlassen. Sie kann sich niemandem mitteilen, erhält von keiner Seite Zuspruch, Trost und Unterstützung. Den inneren Halt bekommt sie nur aus sich heraus.

Sie ist eine Heimatlose und Verlassene, obwohl sie formal in einer Familie lebt. Diese Erfahrung machen auch heute viele junge Leute. Sie fühlen sich mitten in der Familie zuweilen einsamer und verlassener, als wenn sie allein wären.

Dieses schwere Schicksal teilt die Braut zugleich mit vielen anderen Märchenheldinnen und -helden, wie zum Beispiel mit Aschenputtel oder Allerleirauh im jeweils gleichnamigen Märchen. Offenbar ist die Isolation, die die Märchenhelden erfahren, eine wesentliche Voraussetzung für den Lernprozess, den sie zu bestehen haben. Da die Märchenhelden für den Menschen stehen, heißt dies auf anderer Ebene, dass auch der Mensch nur dann bestimmte Lernprozesse bewältigen kann, wenn er eine Zeit lang ganz auf sich allein gestellt ist und die eigenen Möglichkeiten auslotet. Der Mensch, der im Leid ganz auf sich selber geworfen ist, gelangt gewöhnlich erst dann zu seinen inneren Energien, zu seiner Individualität, zu dem, was er im tiefsten Wesen ist. Den Schlüssel für die Lösung seiner Lebenskrise kann er nur in sich selber finden, dazu dient dieser schwierige Prozess. Dabei kann er zwar Hilfen von außen annehmen, aber er allein muss den Zugang zu diesem Problem oder dem Problemkomplex bekommen. Wenn er ihn gefunden hat, tritt sofort eine deutliche Erleichterung des Leidens ein, mitunter löst es sich auf und scheint wie vom Wind weggefegt zu sein.

Auf einer sehr vereinfachten Ebene verhält es sich so wie beim Lösen einer schwierigen Mathematikaufgabe. Es wird hin- und hergerechnet – mühselig, aber in dem Augenblick, in dem die Lösung gefunden ist, erscheint die Aufgabe ganz leicht. Das richtige Ergebnis wirkt wie ein »Befreiungsschlag«.

Im Leid und im Schmerz ist der Märchenheld wie der Mensch von der Welt abgezogen. Er lebt wie auf einer seelischen Insel, losgelöst von dem Getriebe in seinem Umfeld. Alle Sinne, die normalerweise mit dem Außen, mit der Umwelt beschäftigt sind, sind weitgehend auf die eigenen Gedanken und Gefühle, das heißt, auf die innere Welt gerichtet, um darin die innere Stimme zu vernehmen und daraus die not-wendigen Impulse und Erkenntnisse zu gewinnen. Dennoch kann er bei diesem Prozess von Menschen umgeben sein.

In einer Phase dieser Nach-innen-Gerichtetheit, also der Introversion, kann das Heilwerden beginnen. Das ist der Reifungsprozess, ohne den niemand »erwachsen« werden kann. Der verborgene Seelenkern, zu dem der Leidende vordringt, weist ihn in die neue Richtung, in die der Märchenheld vorzustoßen hat.

In dem Augenblick, als der Bärenhäuter zu seiner Braut zurückkehrt, sich ihr zu erkennen gibt, spürt sie ihre »Erlösung« aus dem unendlichen Schmerz der vergangenen drei Jahre. Es scheint, als hätte sie sich nur zum Wohle der Familie »geopfert«, aber in Wirklichkeit geht es dabei um ihre eigene Persönlichkeitsentwicklung. Sie hat diese entsetzliche Leidenszeit auf sich genommen, um jetzt befreit von aller Last ihren Verlobten anzunehmen. Sie ist eine »Geläuterte« und fähig, ihr Glück – man müsste sagen: ihr wohl verdientes Glück – anzunehmen, weil sie um das Unglück weiß.

Die Tatsache, dass sich ihre Schwestern umbringen, bedeutet für sie eine Entlastung. Das Böse hat sich selbst gerichtet, es hat sich überlebt, weil die Märchenheldin ihre eigenen dunklen Persönlichkeitsanteile integriert hat. Es ist typisch für das Märchen schlechthin, dass all das, was sich überlebt hat, überflüssig wird und sich auflöst.

Ein markantes Beispiel dafür liefert das Märchen Rumpelstilzchen. Der Zwerg, der Stroh zu Gold spinnen kann, wird in dem Augenblick überflüssig, als die Müllerstochter, die durch seine Hilfe Königin geworden ist, zu einer aktiven Frau und Mutter herangereift ist und um das Leben und den Verbleib ihres Sohnes kämpft. Sie erfährt durch einen günstigen Umstand und nach langer Suche den Namen des Zwerges. Als sie ihn nennt, stampft dieser mit dem Fuß auf und zerreißt sich. Rumpelstilzchen wird in dem Augenblick überflüssig, in dem die junge Königin die Verantwortung für sich und ihr Kind übernimmt.

13. Die Entwicklung des Märchenhelden

Zu Beginn des Märchens lernen wir einen jungen Mann kennen, der sich als Soldat verdingt. Er hat nichts gelernt, hat also keinen Beruf, und so ist es für ihn ein »Glück«, dass gerade Krieg herrscht und er für die Verteidigung des Landes gebraucht wird. So paradox es klingt, das, was für die meisten Menschen lebensbedrohlich ist, stellt sich ihm, dem jungen Soldaten, als »Überlebenschance« dar, weil er sich dadurch seinen Sold verdient und – mit etwas Glück – vielleicht überleben kann.

Gerade in der heutigen Zeit, in der die Zahl der weltweiten Kriege zunimmt, wird uns deutlich, dass für einen chancenlosen jungen Menschen der Kriegseinsatz sogar ein Vorteil sein kann.

Aber ein Kriegseinsatz ist ein »blutiges« Geschäft. Da kann sich niemand etwas vormachen. Im Krieg gehört das Töten der gegnerischen Soldaten zur täglichen Aufgabe. Auch wenn unseren Märchen-Soldaten keine persönliche Schuld daran trifft, dass es überhaupt einen Krieg gibt, so verhält es sich dennoch so, dass er im Kampf, in jeder Schlacht blutige Hände bekommt. Wer Menschen tötet, Beute macht und das als Beruf ausübt, lädt große Schuld auf sich. Man muss ihm sicher zugestehen, dass er, wenn er in besseren Lebensverhältnissen aufgewachsen wäre, es vielleicht nicht nötig gehabt hätte, Soldat zu werden. Es ist sicher ihm auch nicht anzulasten, dass er keinen Beruf erworben hat. Aus irgendwelchen Gründen, die das Märchen nicht nennt, hat er nichts gelernt. Man darf nicht vergessen, dass es in früheren Jahrhunderten Geld gekostet hat, wenn man zum Beispiel eine Handwerkslehre machen wollte. Heutzutage bekommt jeder Lehrling bereits ein »Lehrlingsgehalt«. Offenbar konnten seine Eltern ihm keine Ausbildung finanzieren, während seine Brüder ein Auskommen gefunden haben. Es liegt hier eine ungleiche Behandlung der Geschwister vor. Wahrscheinlich reichte das Geld nicht, um allen Kindern eine Ausbildung zuteil werden zu lassen. Gleichwie, der junge Mann, unser späterer Märchenheld, wird arbeitslos, als der Krieg zu Ende ist.

Die Entlassung aus dem Kriegsdienst, den er gesund überstanden hat, stellt für ihn nicht gerade eine große Freude und Erlösung dar, sondern den Beginn von Arbeitslosigkeit. Das ist ein Problem, das wir in unserer heutigen Zeit wieder sehr gut verstehen können. Junge Menschen, die mit oder ohne Ausbildung arbeitslos sind, wissen ein Lied von diesem Unglück zu singen. Normalerweise sind junge Leute voller Lebensenergie und Tatendrang. Sie sind neugierig aufs Leben und möchten ihre Kräfte ausprobieren. Wenn sie psychisch und physisch intakt sind, wollen sie etwas leisten und zeigen, was sie können. Wenn sie an diesem natürlichen Drang behindert werden, fallen sie leicht in Depressionen, die bis zum Suizid gehen können. Von Japan wissen wir, dass besonders viele junge Leute Selbstmord begehen aus Frustration und wegen des großen gesellschaftlichen Druckes, der auf ihnen lastet. Im Extremfall reagieren sie mit einer Flucht in die Drogen. Denn der junge Mensch will sich durchaus einbringen in die Gesellschaft, aber wenn er daran gehindert wird, weil es für ihn keine Möglichkeiten gibt, reagiert er mit Enttäuschung und gerät ins Abseits. Manch einer neigt zu großer Aggressivität und Gewaltbereitschaft, die so weit gehen kann, dass er auf die schiefe Bahn gerät. Grundsätzlich besteht die Gefahr, dass ein junger Mensch ohne die Möglichkeit, sich in einem Beruf zu verwirklichen, zu großen Selbstzweifeln neigt und den Verlust seines Selbstwertgefühls erleiden kann.

Die Arbeitslosigkeit zur Zeit des Märchen-Soldaten beruht wahrscheinlich darauf, dass seine Familie – wie viele andere auch – zu viele Kinder hatte, so dass die Überzähligen nicht gebraucht wurden. Diese Entwicklung beobachten wir heute in vielen Entwicklungsländern, in denen der Anteil junger Menschen sehr hoch ist. Wenn zum Beispiel die Hälfte der Einwohnerschaft in einem Staat unter 25 Jahren ist, dann liegt es auf der Hand, dass nicht alle jungen Leute eine Erwerbstätigkeit finden können (zum Beispiel in China, Vietnam, Algerien etc.).

Zu den Überzähligen zu gehören, ist schwer zu ertragen, weil dies als »Nichtsnutzigkeit« und Sinnlosigkeit erlebt wird. Wer nicht gebraucht wird, fühlt sich unnütz und spürt häufig ein Gefühl der inneren Leere, mit der es sehr schwer ist umzugehen. Wer möchte schon »überflüssig« sein? Und wie kann man dem Überflüssig-Sein begegnen? Da setzt die Märchenproblematik ein.

Der Märchenheld hat die Aufgabe, seine Persönlichkeit auszubilden. In fast jedem Märchen geht es um die Entwicklung des Märchenhelden. Das heißt, die Selbstfindung des Märchenhelden wird für wichtiger gehalten als seine Berufstätigkeit.

Wie ist das zu verstehen?

Am Anfang eines jeden Entwicklungsprozesses steht die schicksalhafte Herausforderung, und die ist meist so hart, dass wir als Hörer oder Leser des Märchens davor leicht kapitulieren möchten. Gewöhnlich ist es nicht nur *ein* Schicksalsschlag, der zu bewältigen ist, sondern eine Fülle von ihnen: Der Soldat wird arbeitslos, weil Frieden herrscht. Seine Eltern sind tot, dadurch wird er heimatlos, und seine Brüder wollen ihn nicht aufnehmen. Dadurch ist er aus seiner verbliebenen Familie ausgegrenzt. Es sind im Wesentlichen drei Herausforderungen gleichzeitig. Die Situation erscheint aussichtslos. Aber jeder, der sich auf Märchen einlässt, weiß, dass einem Märchenhelden niemals ein leichtes Schicksal bevorsteht. Wie begegnet er diesen schicksalhaften Schwierigkeiten? Sehr häufig macht er sich zunächst einmal auf den Weg. Alles Erlebte, Erlittene erst einmal hinter sich zu lassen, heißt die Devise. Weggehen, Abstand zu gewinnen ist wichtig. Solange er in alle Schwierigkeiten verwickelt ist, kann keine Lösung aus dem Dilemma gefunden werden. Die überbordenden Gefühle der verletzten Seele können durch das Gehen gemildert werden. Indem sich die Distanz zum Ort und der Zeit des vergangenen Geschehens vergrößert, die Gefühle in den Rhythmus des Gehens einfließen und die Gedanken sich mit dem erlittenen Schicksal befassen, klärt sich vieles im Märchenhelden. Er wird allmählich ruhiger und in sich ruhender. Das Gehen dient dem »Zu-sich-selber-Kommen«. Diese inneren Vorgänge werden im Märchen fast nie berichtet, aber wer sich auf den Helden einlässt, kann diese Abläufe trotzdem nachvollziehen. So wie sich im Verlauf des Märchens die Landschaften verändern, so erhält der Märchenheld auf einer seelischer Ebene den Einblick in noch unbekannte Bereiche seiner Persönlichkeit, sozusagen in seine Seelen-Landschaften. Er lernt bisher unbekannte Aspekte seiner selbst kennen. Aufgrund der sozialen Isolation ist er ganz auf sich gestellt und erlangt den Zugang zu seinen Seelentiefen. Es erfolgt eine Introversion, eine Einkehr nach innen. Dies geschieht, als er seine Heimat verlässt. Niemand spricht mit ihm über seine existenziellen Schwierigkeiten, niemand nimmt Anteil an seinem Schicksal. Es interessiert sich niemand für seine Nöte und niemand spendet ihm Trost. Es laufen beim Märchenhelden vergleichbare innere Prozesse ab wie einige Zeit später bei seiner Braut. Er befindet sich in einer ersten tiefen seelischen Krise, in der er zunächst, wenn die Emotionen etwas abklingen und der Verstand stärker zum Zuge kommt, eine Lebensbilanzierung vollziehen kann. Fragen, wie zum Beispiel: Woher komme ich? Wie ist mein Leben bisher verlaufen? Wie kann – oder soll ich mein Leben gestalten? Welche Möglichkeiten bleiben mir? Das wären Fragen, mit denen er sich innerlich auseinandersetzt. Wo liegen meine Stärken und meine Schwächen? Welche Fähigkeiten habe ich – oder welche könnte ich entwickeln?

Der Märchenheld, der als Repräsentant für den Menschen steht, muss in sich nach einer neuen Orientierung suchen. Vergleichbares gilt auch für jeden Menschen, der einen Neubeginn wagen muss. Wer sich auf diese inneren Fragen einlässt – und dies gilt für jeden Suchenden –, verspürt bei der einen oder anderen Frage vielleicht schon einen ersten Impuls oder bekommt eine Idee, die weiterhelfen kann.

An diesem Punkt des Märchens lässt sich feststellen, dass unser Märchenheld bis zu dem Augenblick seiner Lebensbilanzierung außerordentlich handlungsaktiv gelebt hat, also in erster Linie seine männlichen Stärken ausgebildet hat. Vielleicht hat er als Soldat sogar in den Kämpfen eine Verrohung seiner Gefühle bemerkt.

In der sehr männlich ausgerichteten Lebensführung hat er solche Eigenschaften, Fähigkeiten und Verhaltensweisen entwickelt, die das Männliche repräsentieren, wie zum Beispiel Aktivität, Mut, Tapferkeit, Durchhaltevermögen und Risikobereitschaft. Um den Krieg zu überleben, war das lebensnotwendig.

Diese zu einseitig männlich-orientierte Persönlichkeitsausrichtung braucht für seine Aussteuerung die weicheren, geschmeidigeren Anteile. Diesen Gegenpol muss er in sich suchen und entwickeln. Da es die Aufgabe des Märchenhelden ist, zu einer Ganzheit zu gelangen, muss er sich notgedrungen die fehlenden Anteile noch aneignen.

Aus diesem Grund ist nach der sehr aktiv gelebten Lebensphase ein Zeitraum der inneren Einkehr erforderlich. Ohne eine Zeit des Innehaltens und der Verinnerlichung kann er nicht zu seinem eigentlichen Wesen finden. Auch dürfte sonst eine Partnerschaft, die mehr beinhaltet als eine sexuelle Beziehung, unerreichbar bleiben.

Die andere Seite seines Wesens war bisher nicht gefragt. Sie hätte ihn beim Kampf in den Schlachten sogar behindert und gefährdet. Nun muss sie aber im Laufe des Lebens beachtet werden, wenn der Märchenheld seine Selbstverwirklichung vorantreiben will. Der Soldat befindet sich im Defizit bezüglich der weiblich zugeordneten Anteile. Dazu zählen zum Beispiel das Einfühlungsvermögen, das Mitgefühl, die Anteilnahme und Hingabefähigkeit. C. G. Jung ordnet diese Eigenschaften der Anima-Seite zu, die grundsätzlich auch jeder Mann in sich trägt, aber die bei vielen Männern zu wenig entwickelt ist. Das wirkt sich dann so aus, dass mancher Mann zum Beispiel eher dazu geneigt ist, Streitigkeiten mit körperlicher Gewalt, also dem Ausleben von Aggressionen zu lösen, als über ein Streitgespräch, bei dem jeder Beteiligte als gleichberechtigt respektiert wird. Toleranz zu entwickeln, wenn unterschiedliche Sichtweisen eines großen Problems entstehen, ist ein wesentlicher Lernprozess. In der Toleranz ist die Anerkennung des anderen enthalten.

Aufgrund der bisher einseitigen Lebensweise als Soldat benötigt unser Märchenheld einen Anstoß von außen. Dieser kommt, wen wundert es, in der Gestalt des Teufels. Denn der Soldat hat in den Schlachten gegen den Feind sicherlich viele in den Tod befördert. Durch den Tod gelangen die Seelen der Menschen in eine andere Sphäre. Seelen von bösartigen Menschen erhält nach christlicher Vorstellung wohl der Teufel. Insofern hat der Soldat möglicherweise, ohne sich dessen bewusst gewesen zu sein, für den Teufel als »Seelenzulieferer« gearbeitet. Vielleicht ist er deshalb derjenige, der dem Bärenhäuter den Sieben-Jahres-Vertrag anbietet, wobei der Teufel wohl davon ausgeht, dass der Soldat ein Mörder sei, nämlich jemand, der »Lust am Töten« empfindet, der Aggressionen und Rachegefühle dabei auslebt, dem Brutalität »Spaß« macht. Der Teufel unterliegt sehr wahrscheinlich aufgrund seiner eigenen Vorstellung einer Täuschung. Warum sollte jemand im Krieg sein Leben aufs Spiel setzen, wenn ihm nicht wenigstens dafür Geld und Gut, also Beute, Vergewaltigungen oder erotische Verführungen zufielen? Dass jemand aus idealistischen Motiven oder aus Pflichtgefühl in den Krieg zieht, um Land und Leute, Hab und Gut zu beschützen und seine Heimat zu verteidigen, liegt außerhalb seines Vorstellungsvermögens. Dagegen könnten dem Teufel Rachegefühle, Gewinnsucht oder Zerstörungswut als Kriegsgründe einleuchten. Die innere Gesinnung des Märchenhelden kennt er nicht und ahnt wohl auch nicht, dass der Soldat einen »Seelenauftrag« zu erfüllen hat. Er *muss* seine Persönlichkeit im konstruktiven Sinn ausbilden. Insofern liegt es auf der Hand, dass der Teufel in der Wahl seines Vertragspartners einem Irrtum ausgesetzt ist. Er irrt sich in diesem armen Soldaten genauso wie Mephistopheles in Goethes Drama »Faust«. Mephistopheles hatte gehofft, den Faust durch alle möglichen Verführungen dazu bringen zu können, dass dieser zum Augenblick gesagt hätte: »Verweile doch, du bist so schön.«

Weder hier im Märchen noch in Goethes Drama geht der Teufel bzw. Mephistopheles als Sieger aus dem Vertrag hervor. Aber trotzdem spielt der Teufel hier im Märchen eine ganz entscheidende Rolle. Seinetwegen muss der Soldat aufgrund des Vertrages für sieben Jahre eine »Lebenshölle« ertragen. Die äußerliche Verkommenheit, die er wegen der Vertragsbedingungen auf sich nimmt, die soziale Ausgrenzung, weil er zum Tiermenschen mutiert, die Seelenängste, die er aushalten muss, weil er kein Gebet sprechen darf und tausend Toden ausgeliefert ist, führen ihn in schreckliche Einsamkeit und seelische Verlassenheit. In dieser Zeit ist er ganz auf sich gestellt. Er muss mit den vertragsbedingten Einschränkungen fertig werden, muss sich enorm disziplinieren, um keinen Fehler zu begehen. Am Tiefpunkt der Krise angekommen, drängt sich für ihn der Vergleich mit der Zeit direkt nach Kriegsende auf. Verzweifelt war der Soldat damals ebenfalls. Er verfügte über keine finanziellen Mittel, besaß aber seine »menschliche« Gestalt. Seine Erfolge im Krieg als »Kriegsheld« sind ihm noch gegenwärtig. Aber nun ist er Mensch und Tier zugleich. Als Soldat wurde er von der Bevölkerung geachtet und gewürdigt, denn immerhin hatte diese es ihm zu verdanken, dass die Heimat geschützt und erhalten blieb. Von den Feinden hingegen wurde er gefürchtet. Als Tiermensch erntet er jedoch Ablehnung von allen Menschen, denen er begegnet, ähnlich wie viele Tiere sie häufig von den Menschen erfahren. Tiere gelten als »unbewusste« Wesen, die an ihre Instinkte gebunden sind. Es wird ihnen unterstellt, nicht denken zu können und keine Seele zu haben. Für bestimmte Dienste mögen sie brauchbar sein, aber im Übrigen begegnen die Menschen ihnen oft mit Verachtung, halten sie für minderwertig und für würdelos. Manche Tiere ernten nicht nur Geringschätzung von den Menschen, sondern sogar Ekel, wie zum Beispiel Schlangen oder Spinnen. Ein Tier wie ein Bär repräsentiert zwar Kraft und physische Überlegenheit, andererseits flößt er den Menschen aber auch Angst ein.

Zwar hat der Soldat, als er mit dem Bären konfrontiert wurde, keine Angst ihm gegenüber empfunden, aber dies nur deshalb, weil er bewaffnet war. Er hat ihn ohne mit der Wimper zu zucken

»erlegt«, hat also eine Kreatur getötet. Er tat es, um sich selbst zu schützen, aber eben auch mit der »menschlichen Arroganz der technischen Überlegenheit«. Nun muss er selber mit dem Bärenfell herumlaufen und ähnlich wie der Bär vielen Furcht und Schrecken einflößen. Mit dem Bärenfell bekleidet trägt er eine »fremde« Haut zur Schau. Er löst nun in seiner Umwelt genau das aus, was sonst häufig die Tiere von den Menschen erfahren. Der Bärenhäuter lebt in der »fremden« Haut, um die Regression zum Tier hautnah zu erleben. Wie ein Verwunschener muss er sein Leben aushalten. Durch das Tierfell entstellt ist sein Menschsein verhüllt und nahezu unsichtbar. Deshalb wird er verkannt. Seine Menschlichkeit ist zu diesem Zeitpunkt des Märchens auch noch wenig entwickelt. Symbolisch gesprochen befindet es sich auf einer animalischen Stufe. So groß wie die Abwertung und Ablehnung durch die Umwelt ist, die er als »Tiermensch« erfährt, so sehr befindet er sich noch im Defizit als Repräsentant eines vollgültigen Menschen.

Er ist *nun* vom Schicksal gezwungen, die Dinge hinzunehmen, so wie sie sind. Er muss sie akzeptieren, äußerlich *passiv* – innerlich nachdenklich und reflektierend. Das fordert seine Hingabefähigkeit heraus.

Er ist nur auf sich gestellt, ohne Hilfe von außen, um die Schuld und Gewissensbelastung aufarbeiten zu können, die er in seiner Soldatenzeit auf sich geladen hat. Gewöhnlich ist es so, dass der Mensch sich zunächst im Leben »verwickelt« oder »verstrickt«, um danach durch Reflexion und eine Phase der Verinnerlichung aus den Verwicklungen und Verstrickungen wieder herauszukommen. Leidenszeit ist hier eine Zeit der inneren Einkehr, der Läuterung und der Bewusstwerdung, es erfolgt dadurch ein Aufarbeiten der verdrängten Anteile. C. G. Jung spricht vom Schatten. Dieser enthält alles, was der Mensch ins Unterbewusstsein verdrängt hat. Dazu gehören alle negativen Seiten, die der Mensch von sich gar nicht kennen und wissen will. Aber auch solche Erfahrungen, die er nicht aushalten konnte. Tabuisiertes oder traumatische Erlebnisse bleiben oft im Unbewussten, weil das bewusste Ich sie nicht akzeptieren kann. Es wird viel Energie benötigt, um sie auch unbewusst zu lassen. Viele Krankheiten rühren daher, dass wir unsere Fehler und Schwächen kaschieren wollen.

Aber in dieser Phase seines Lebens, in der er so isoliert und losgelöst von jeglicher Gesellschaft oder Partnerschaft auf sich gestellt ist, muss er sich mit seinen Schattenanteilen auseinander zu setzen. In seiner »zweiten« Haut, die die eigene schützt, befindet sich sein innerer Seelenkern fast wie in einem »Brutkasten«. In dieser dunklen Hülle vermag das noch zarte Pflänzchen seiner seelischen Bewusstheit, die durch die Einkehr nach innen gepflegt wird, sich ganz langsam zu entwickeln. Durch Traumbilder und Intuition gelangt Unbewusstes an die Oberfläche und kann mit dem bewussten Verstand analysiert werden. Diese Lebensphase ist vergleichbar mit einer »Inkubationszeit«.

Von der dramatischen Handlung des Märchens her kommt es an diesem tiefsten Punkt der Krise zu einer Wende, und es beginnt eine neue Lebensphase des Bärenhäuters. So geschieht es eben auch zu diesem Zeitpunkt, dass er den alten Vater im Gasthaus kennen lernt, der vollkommen verarmt ist. Bezüglich des Geldmangels stellt der Vater der drei Töchter den Gegenpol zum Bärenhäuter dar. Die Begegnung kann erst jetzt stattfinden, weil er in der ersten Hälfte der Siebenjahresfrist schon ein wenig seine weiblichen Fähigkeiten ausgebildet hat. Nur deshalb nimmt er das Leiden des Alten wahr. Aufgrund des selbst erfahrenen Leides ist er wach und wahrnehmungsfähig für das Leid anderer. Nur wer das kennt, versteht, was im Gegenüber vor sich geht. Er wird einfühlsam, mitleidvoll und als Folge davon: verstehend und »menschlich«. Indem er diese menschlichen Züge annimmt, bekommt seine Seele Nahrung. Zugleich entfernt er sich dadurch innerlich von seiner Tierähnlichkeit. Durch bewusst geleistete gute Taten gegenüber dieser Familie und allen Fremden, denen er aus ihrer Geldnot hilft und die er für sich beten lässt, erhalten seine Menschlichkeit und seine Seele Unterstützung. Die Gebete der

Fremden gewähren der zarten Seele Schutz und allmählich Stärke, denn noch ist sie sehr gefährdet. So ist es wohl zu verstehen, dass immerhin eine der drei Töchter des Alten ihn als Bräutigam annimmt.

Die noch sehr wenig entwickelte Anima-Seite (weibliche Seite) seiner Psyche begegnet in der jüngsten Tochter dieses Vaters ihrem Pendant, die über eine sehr schwach entwickelte Animus-Seite (männliche Seite) verfügt. Im selben Maß, wie der Bärenhäuter von der extrem gelebten männlichen Lebensgestaltung abrückt und weibliche Anteile in sich zulässt und ausbildet, wird es möglich, dass sich diese junge Frau aus ihrer Rolle der Unterdrückung durch die Schwestern herauslöst. Als Paar verlaufen von nun an ihre Entwicklungsprozesse parallel. Jeder für sich macht eine Leidenszeit der Verinnerlichung, der Isolation und der Reflexion durch. Die Hinwendung zu und Besinnung auf die eigenen Fähigkeiten und Werte führen langsam zur Erschließung der inneren Quellen, der Kreativität und der inneren Lebendigkeit. Diese Lebensphase dauert so lange an, bis die ungelebten abgespaltenen Anteile aktiviert und in die Persönlichkeit integriert werden können. Im Märchen dauert der Entwicklungsprozess des Bärenhäuters sieben Jahre, für seine Braut sind es drei Jahre, beim Menschen hält er gewöhnlich ein ganzes Leben an.

Durch die Verlobung wird der innere Prozess beim Bärenhäuter beschleunigt, weil seine Gefühle und die erwachende Erotik gepaart mit der seelischen Liebe nun Nahrung und Zielrichtung erhalten. Das Gefühl der Liebe weckt die zarten Seiten seiner Seele. Die Liebe ist ohnehin immer das beste und wirksamste Heilmittel der Seele. Deshalb beginnt von nun an in ihm ein Heilungsprozess, der mit der Erlösung aus der Verwunschenheit endet.

Unter der Verkleidung des Bärenfells mutiert er im Inneren zu einem liebenden Mann. Aber das zarte Pflänzchen der Liebe braucht noch drei weitere Jahre, bis es stark genug ist, um Anfeindungen Stand zu halten und um vollends erlöst zu sein. Die

Zeit des Herumwanderns dient der seelischen Stabilisierung und der Erschließung weiterer Seelenanteile.

In dieser Zeit des Suchens und der Wanderschaft lebt er nach dem Prinzip »Geben ist seliger denn Nehmen«. Er ritualisiert seine Großzügigkeit und Freigiebigkeit. Immer bewusster geht er mit den finanziellen Möglichkeiten um. Je mehr Geld er an die Armen und Hilfsbedürftigen verteilt, desto freier scheint er sich zu fühlen. Dadurch gewinnt er Souveränität. Vielleicht erlebt er dabei eine Gewissensentlastung. Dieses Gefühl wird sicher stets von den Gebeten der Empfänger unterstützt. Durch die Gebete der Armen schaffen diese sich ein Gegengewicht zum empfangenen Almosen.

Am Ende dieser Zeit ist der Bärenhäuter innerlich gereift, gestärkt und selbstbewusster. Er lässt sich vom Teufel nicht mehr abspeisen, sondern fordert die endgültige »Reinwaschung« von ihm. Diese Waschung hat fast schon etwas Erhabenes, weil danach sichtbar wird, wie schön dieser Mann geworden ist. Er ist mit sich ins Reine gekommen und geläutert. Von falschen Hüllen befreit wird das Bärenfell nun überflüssig, weil es dem Repräsentanten eines Menschen nicht mehr gemäß ist. Alles, was ihn in die Nähe von Tierähnlichkeit gebracht hat, erübrigt sich. Auch der alte Soldatenrock entspricht nun nicht mehr seiner Persönlichkeit. Er ist allen alten Hüllen entwachsen, kann sie abstreifen und zurücklassen wie einen alten Kokon. Zugleich tritt er als bewusster, seelisch stabiler und liebender Mann aus der siebenjährigen Leidenszeit hervor. Zu seiner Ganzheit fehlt nun nur noch die Vereinigung mit seiner Braut. Da seine Braut ebenfalls ihre schwere Lebenskrise bestanden hat, können sie beide als Paar zueinander finden. Im Märchen gehören immer die ausersehenen Märchenhelden zusammen. Nur wenn es jeder einzelnen Märchenfigur gelungen ist, diesen Individuationsprozess erfolgreich zu bestehen, macht Partnerschaft einen Sinn. Ziel dieser Entwicklung ist die Ganzheit der Persönlichkeit und die Zusammengehörigkeit als Paar.

14. Geht der Teufel als Sieger aus dem Märchen hervor?

Am Ende des Märchens tritt der Teufel noch einmal auf, sozusagen um das letzte Wort zu haben. Er sagt: »Siehst du, nun habe ich zwei Seelen für deine eine.«

Zwei Seelen zu erhalten besagt zunächst, dass er die doppelte Anzahl von Seelen gewonnen hat, also eine größere Quantität. Damit hatte er nicht gerechnet, denn er hatte sich um diese beiden gar nicht bemüht. Sie fallen ihm ohne Anstrengung zu. Also hat der Teufel einen großen Reibach gemacht und könnte höchst zufrieden sein. Wäre der Teufel nun in seinem eigenen Sinn der Gewinner, warum bedurfte es dann der Häme, mit der er hier auftritt, oder handelt es sich dabei nur um ein »Informationsbedürfnis«? Wenn er gewonnen hat, gibt es nichts zu deuten, und Verhöhnung als Stilmittel seines Verhaltens erübrigt sich. Also hat er nicht wirklich gewonnen trotz der doppelten Anzahl an Seelen. Gibt es demnach Unterschiede bezüglich der Qualität der Seelen?

Warum ist dem Teufel an der Seele des Bärenhäuters offenbar mehr gelegen gewesen?

Immerhin hat er sieben Jahre lang auf sie gewartet. Er hat um sie gebangt, sie begleitet, ohne direkt Einfluss auf sie nehmen zu können, obwohl er über viel Macht verfügt. Er kann mit allen ihm zur Verfügung stehenden Mitteln die Menschen verführen, sie von ihrer Lebensbahn ablenken, sie auf die falsche Fährte locken. Er kann ihnen Dinge einflüstern, die sie von ihrem Ziel abbringen, und ihnen etwas vorgaukeln, das nicht hält, was ihnen versprochen wird. Aber er ist nicht Herr über Leben und Tod. Da liegt seine Grenze.

Der Teufel hat es sich auch viel kosten lassen, die Seele des Bärenhäuters zu gewinnen, denn dieser hat viel Geld für die Armen und Notleidenden ausgegeben. In den Augen des Teufels kann dies nur als Verschwendung gelten, denn von Menschlichkeit weiß er nichts. Dennoch hat er sich mit der Einhaltung des

Vertrags als »Ehrenmann« erwiesen. Und obwohl er seine Seele nicht gewinnen konnte, muss er ihm – wie abgemacht – auch noch den Rest seines Lebens finanzieren, zwar spielen Geld und Gut für den Herrn der Unterwelt keine Rolle, er ist ein Materialist und hat genug davon. Aber sein Geld »vergeuden« zu sollen, ohne die Chance zu haben, am Ende des Bärenhäuter-Lebens vielleicht doch noch seine Seele zu ergattern, das kommt den Teufel hart an.

Auch wenn der Teufel es nicht wahrhaben möchte, so wird der Bärenhäuter auch in der Zukunft viel Geld für Bedürftige spenden, vielleicht sie sogar weiterhin bitten, für seine Seele zu beten, obwohl er nach Vertragsende selber wieder »Vaterunser«- oder auch andere Gebete sprechen und seine Religion ausüben kann.

Der Weg des Teufels bis zu diesem Märchenende ist von vielen Irrtümern gekennzeichnet, so dass er sein angestrebtes Ziel nicht erreichen konnte.

Einem ersten Irrtum unterliegt er bereits bei der Einschätzung des Soldaten, den er vermutlich für einen Mörder hält. Was könnte es anderes sein, als Aggressionslust, Hassgefühle gegenüber dem Feind und Rache, wenn ein Soldat in den Krieg zieht?

Wer verarmt ist, könnte aus Habgier einen solchen Vertrag mit dem Teufel eingehen (Suchtthematik).

Wer bereit ist, sich auf eine solche Verwahrlosung einzulassen, wie sie der Vertrag erfordert, könnte auch seelisch verwahrlosen und vom Teufel fremdbestimmt werden. Wer eine so lange Zeit (sieben Jahre) eine solche Einsamkeit aushalten soll, kann leicht die Nerven verlieren und in tiefe Depression verfallen, so dass ihm alles gleichgültig wird.

Alle diese Punkte stellten eine enorm große Gefahr für den Bärenhäuter dar, aber er erliegt ihr nicht, sondern geht sogar seelisch gestärkt aus allem hervor.

Der Teufel irrt, weil er die Seelenstärke des Bärenhäuters nicht einzuschätzen vermochte. Er ist somit ein Opfer seiner eigenen Projektion. Vielleicht gelüstet es ihn deswegen so sehr nach starken Seelen, weil diese ihm so fremd und unbekannt sind. Alles, was den Bärenhäuter zum Märchenhelden macht, liegt außerhalb des Vorstellungsvermögens des Teufels. Wie sollte er auch »Menschlichkeit«, Religiosität, Mitgefühl etc. verstehen können?

So lässt sich feststellen, dass nicht der Teufel der »Gewinner« in diesem Märchen ist, sondern unser Märchenheld. Denn er ist es, der alle Herausforderungen besteht, der sich selbst besiegt, jeder Verführung und Gefährdung Stand hält und das Gute in der Welt mehrt. Er weiß um die göttliche Gnade, ohne die er sein Lebensziel nicht erreicht hätte. Dafür empfindet er große Dankbarkeit, dass ihm solche Gnade zuteil wurde. Es ist ihm gelungen, die zunächst sehr ausgeprägten, handlungsorientierten männlichen Anteile im Lauf der Zeit mit den passiv ertragenden weiblichen in Einklang zu bringen. Dadurch konnte er seine Persönlichkeitsentwicklung vorantreiben und partnerschaftsfähig werden. Seine Seele hat er vor dem Zugriff des Bösen bewahrt, weil er sich bewusst für die Menschlichkeit und die Liebe entschieden hat. Dadurch hat er sich vervollkommnet. Das wird dem Teufel viel Verdruss bereiten.

15. Fazit des Märchens

Märchenhelden sind Repräsentanten des Menschen und können deshalb zum Spiegel menschlichen Handelns werden. Zu Märchenhelden hat der Mensch mehr Distanz als zu sich selber, so dass er sie eher als Leitfiguren und Orientierungspersonen annehmen kann, die in der heutigen Zeit selten geworden sind. Ihre Schwächen, Defizite, aber natürlich auch ihre Entwicklungsmöglichkeiten, die im Handeln des Märchenhelden sichtbar werden, regen zum Nachdenken über die eigene Existenz, die Lebens- und Sinnfrage an. Auch das Verständnis von menschlichen Werten kann überdacht werden. So hat der Märchenheld im vorliegenden Märchen vor allem mit drei Grundproblemen zu kämpfen, die alle in einem direkten Zusammenhang stehen, nämlich mit dem Problem des Geburtenüberschusses, des Krieges und der Arbeitslosigkeit. Das Märchen liefert auf diese Herausforderungen keine gesellschaftliche oder politische Antwort, sondern delegiert die Problematik zwecks Lösung an den Märchenhelden, der sie allerdings nicht verursacht hat.

Auch in der heutigen Zeit sieht sich die junge Generation oft mit vergleichbaren Schwierigkeiten konfrontiert, die sie selbst nicht zu verantworten hat. Das erscheint als eine große Ungerechtigkeit, aber mehr oder weniger hat dies auch alle vorangegangenen Generationen betroffen. So hilft es dem Einzelnen nicht, den »Status quo« zu bejammern und zu beklagen, sondern mit Dr. Joseph Murphy, dem amerikanischen Philosophen und Positiv-Denker zu sagen: »Es ist, wie es ist.« Das heißt, es muss die jeweilige Realität anerkannt werden. In den gegebenen Schwierigkeiten stecken jede Menge Herausforderungen, die auf konstruktive Lösungsmöglichkeiten warten. Es geht darum, alle zur Verfügung stehenden Potenziale für die Überwindung der negativen Umstände zu nutzen. Dazu zählen das Denkvermögen, das eigene Können und Wissen, die Summe von Erfahrungen, die Kreativität und die Intuition. Dies gilt für jeden Einzelnen.

Im Märchen wird ein großer Spannungsbogen aufgezeigt, wie sich der Märchenheld von einem fremdbestimmten Soldaten zu einem selbstbestimmten jungen Mann entwickelt, der fähig und bereit ist, für sich und für andere Verantwortung zu übernehmen. Der Weg von dem einen Pol zum anderen ist schwierig, bedrohlich und langwierig. So dürfte in unserer heutigen »Spaßgesellschaft« die Bereitschaft, sich so viel Durchhaltevermögen, Selbstdisziplin und Leidensfähigkeit abzuverlangen, eher gesunken sein.

Der Märchenheld lebt zunächst seine Schattenanteile aus, die sich im Krieg in Form von Feindseligkeit, Gewalt, Zerstörung und Vernichtung äußern. Indem diese dunkle Seite seiner Persönlichkeit in Handlung umgesetzt wird, vermag sie ihm sichtbar und dann bewusst zu werden und kann einen Prozess der Selbsterkenntnis auslösen. Als er am Scheideweg vom Kriegsende und der »geschenkten« Freiheit dem Teufel begegnet, entspricht dieser auf einer konkreten Ebene dem Aggressionspotenzial und dem Bösen schlechthin. Nach dem Vertragsabschluss mit dem Teufel gerät der ehemalige Soldat in die Gefahr, aufgrund neuer Fremdbestimmung sich selber zu verlieren. Eingehüllt in den »grünen Rock« und in das Bärenfell wird er optisch verfremdet. Er wird sich selbst entfremdet und entpersonalisiert. Als Tiergestaltiger verunstaltet könnte rasch aus der physischen Verwahrlosung auch eine seelische Entgleisung entstehen. Denn über Geld verfügt er reichlich. So wäre es naheliegend, sich Alkohol, Nikotin, Drogen, erotischen Verführungen und sonstigen Ausschweifungen hinzugeben, bis er unfähig wäre, sich noch zu disziplinieren. Das wäre sein Ende.

In einer Wohlstandsgesellschaft wie der unseren ist die Gefahr, in solche Suchtstrukturen abzugleiten, besonders groß. Das bedeutet, seine Seele zu gefährden. Es gehören Mut, Selbstdisziplin, Ichstärke und ein fester Wille dazu, dem zu widerstehen.

Der Bärenhäuter verfügt über große Willensstärke und seelische Energien. In der Lebensphase, in der er abgekapselt und ausgeklammert von den Lebendigen und »Normalen« ausharren muss, beginnt sich seine geschundene Seele zu rühren, die von sich aus den Kontakt zu anderen sucht. Während er in einer siebenjährigen »Inkubationszeit« in immer tiefere Schichten seiner Seele vordringt und diese zugleich aktiviert, indem er den fehlenden Kontakt zur Außenwelt durch eigene Initiative abfedert, beginnt allmählich sein Heilwerden. Dies wird unterstützt durch die Gebete und die Dankbarkeit der Notleidenden, denen er Geld schenkt, das er reichlich hat. So korrespondiert die innere Stimme seiner Seele mit den fremden Seelen. Dabei weiß er oder spürt es, dass die Seele unsterblich und göttlicher Natur ist. So erhält der Bärenhäuter Zugang zu den lichten Anteilen seiner Persönlichkeit, überwindet innere Blockaden, wird frei von Abhängigkeitswünschen und handelt mehr und mehr nach eigenen Vorstellungen.

Da setzt die Wende des Märchens ein. Die Krisis ist wohl etwa zu dem Zeitpunkt überwunden, als er seiner Braut begegnet und die beiden künftigen Partner durch ihre gegenseitige Liebe einander stärken. Das anfängliche Aggressionspotenzial hat sich zu sinnvollem, menschlichem Handeln gewandelt. Der Ausgestoßene, Entfremdete findet auf seiner Suchwanderung zu sich selbst. Er findet seinen Platz im Leben, obwohl er zuvor überzählig war. Indem er »Schwerstarbeit« als »Knecht« des Teufels, also die Arbeit an sich selbst geleistet hat, dringt er zu seinem eigenen Wesen vor. In dem Augenblick, als er das erreicht hat, ist der Teufelsvertrag erfüllt und der Teufel wird überflüssig. Zugleich ist der Märchenheld für seine Umwelt wichtig geworden.

Was heißt das für uns Heutigen?

Das Märchen will uns klar machen, dass es wesentlich darauf ankommt, zunächst einmal die Schattenanteile der eigenen Persönlichkeit zu erkennen. Solange diese auf destruktive Weise gelebt werden, entfernt sich der Mensch von seiner eigentlichen Bestimmung. Denn er ist geradezu seiner Seele verpflichtet und sollte sie weder gefährden noch aufs Spiel setzen. Es ist auch *nicht* die Aufgabe des Menschen, Menschen zu töten, sondern im Gegenteil. Es geht darum, die negativen Aggressionspotenziale aus der Blockade zu befreien, weil es sich dabei um fehlgeleitete Energien handelt. Der Mensch sollte versuchen, seine Schattenseiten und Aggressionspotenziale aus ihrer »Verwunschenheit« zu erlösen. Was heißt das? Jeder Mensch verfügt über solche negativen Potenziale, die gern kaschiert, verdrängt oder tabuisiert werden. Er lehnt sie in sich gewöhnlich ab. Wenn sie aus dem Bewusstsein eliminiert werden, geraten sie in die Gefahr, sich irgendwann explosiv zu äußern.

Stattdessen sollte jeder genau hinschauen, wo er seine Schattenseiten hat, worin sie bestehen, und sich – wenigstens in seinem Innern – ehrlich dazu bekennen und sich mit ihnen auseinandersetzen. Wenn sie ihm bewusst werden, ist schon viel gewonnen, weil sie dadurch bereits einen Teil ihrer negativen Energie verlieren. Das heißt, wenn ich um meine Schwächen oder Defizite weiß, denn meine Fehler gehören zu mir, sind sie noch nicht behoben, aber ich weiß zugleich, wo ich etwas aufzuarbeiten habe. Grundsätzlich handelt es sich dabei um einen lebenslangen Prozess. Je besser der Einzelne dieses verborgene Potenzial wie einen Schatz aus dem Unbewussten zu heben vermag, desto mehr Energien werden frei gesetzt, die für konstruktive Handlungen genutzt werden können. Er fühlt sich unbelastet und freudiger. Wie viel Positives könnte ein Krimineller für die Gesellschaft leisten, wenn er seine fehlgeleiteten Kräfte konstruktiv einzusetzen versuchte?

Wer es ernst meint mit seiner Persönlichkeitsentwicklung, ist geradezu verpflichtet, sich dieser Arbeit an sich selbst anzunehmen. Er verbessert damit seine Seelenlage. Darüber hinaus ist es wichtig, möglichst viele seiner Begabungen, Fähigkeiten und Talente auszubilden. Je mehr ihm dies gelingt, desto freier und authentischer fühlt er sich.

Dies alles zusammen wird ihm zu einer konstruktiven Lebensgestaltung verhelfen. Selbst wenn er ursprünglich zu den Überzähligen gehört hat, wird er dann seinen Platz im Leben finden. Denn ein Mensch, der es mit seiner Selbstverwirklichung vorangebracht hat, hat nicht nur sich selbst damit einen Gefallen getan, sondern er wird auf die Weise auch für die anderen in seinem Umfeld immer bedeutender und wertvoller. Damit wächst die Wahrscheinlichkeit, eine sinnvolle Aufgabe im Leben zu finden, die ihn erfüllt. Ob dies mit einem Arbeitsplatz verbunden ist oder mit einer neuen Selbstständigkeit, muss natürlich offen bleiben. Aber die Chancen dafür wachsen.

Literaturverzeichnis

Hans Bächthold-Stäubli, »Handwörterbuch des deutschen Aberglaubens«,
Walter de Gruyter Verlag, Berlin – New York 2000, 10 Bde.

Bruno Bettelheim, »Kinder brauchen Märchen«
dtv, Deutscher Taschenbuch Verlag GmbH & Co. KG, München, 1983

Prof. Dr. Hans Biedermann, »Knaurs Lexikon der Symbole«, Weltbild Verlag, Augsburg 2000

Felix von Bonin, »Kleines Handlexikon der Märchensymbolik«, Kreuz Verlag, Stuttgart 2001

Sibylle Birkhäuser-Oeri, »Die Mutter im Märchen«
Bonz Verlag, Waiblingen 1993

Sibylle Birkhäuser-Oeri, »Antiker Mythos in unseren Märchen«, Erich Röth Verlag, Kassel 1984

Dante, »Die göttliche Komödie«.
Fischer Bücherei, Frankfurt am Main 1960

Alice Dassel, Märcheninterpretationen zu »Allerleirauh« und zu »Einäuglein, Zweiäuglein, Dreiäuglein«
R. G. Fischer Verlag, Frankfurt am Main 2000

Alice Dassel, »Die Bremer Stadtmusikanten«, R. G. Fischer Verlag, Frankfurt am Main 2000

Hans Dieckmann, »Märchen und Symbole«
Bonz Verlag, Stuttgart 1977

Hans Dieckmann, »Der blaue Vogel«
Kreuz Verlag, Zürich 1989

Friedrich W. Doucet, »Traum und Traumdeutung«,
Heyne, München 1973

Eugen Drewermann, »Lieb Schwesterlein, lass' mich herein«
dtv, München 1996

Eugen Drewermann, »Rapunzel, Rapunzel, lass' dein Haar
herunter«, dtv, München 1992

Marie-Louise von Franz, »Erlösungsmotive im Märchen«
Kösel Verlag, München 1997

Marie-Louise von Franz, »Die Erlösung des Weiblichen im
Manne«,
Walter Verlag, Düsseldorf 1997

Marie-Louise von Franz, »Archetypische Dimensionen der
Seele«,
Daimon Verlag, Einsiedeln (Schweiz) 1994

Marie-Louise von Franz, »Der Schatten und das Böse im
Märchen«, Kösel Verlag, München 1985

Johann Wolfgang von Goethe, »Faust«,
Carl Schünemann Verlag, Bremen (ohne Jahresangabe)

Ursula von Heindrichs (Hrsg.), »Tod und Wandel im Märchen«,
Erich Röth Verlag, Regensburg 1991

Josef Imbach »Das Eselein«,
Benziger Verlag, Zürich und Düsseldorf 1999

Hans Jellouschek, »Der Froschkönig«
Kreuz Verlag, Zürich 1995

Hans Jellouschek, »Die Froschprinzessin«
Kreuz Verlag, Zürich 1996

C. G. Jung, »Der Mensch und seine Symbole«,
Walter Verlag, Olten und Freiburg 1980

Verena Kast, »Liebe im Märchen«
Walter Verlag, Olten 1992

Verena Kast, »Familienkonflikte im Märchen«
Walter Verlag Olten und Freiburg i.B, 1986

Verena Kast, »Sich wandeln und sich neu entdecken«
Herder Spektrum, Freiburg 1996

Verena Kast, »Die Dynamik der Symbole«
dtv, München 1996

Verena Kast, »Wege zur Autonomie«,
dtv, München 1995

Gottfried Keller, »Kleider machen Leute«,
Klett Verlag, Stuttgart 1972

Max Lüthi, »Märchen«
Sammlung Metzler, Bd. 16, Stuttgart 1979

Dr. Joseph Murphy, »Die Macht Ihres Unterbewusstseins«,
Ariston Verlag, Genf 1979

Lutz Müller, »Des Kaisers neue Kleider«
Kreuz Verlag, Zürich 1995

Erich Neumann, »Amor und Psyche«,
Insel Verlag, Frankfurt 1995

Erich Neumann, »Die große Mutter«
Walter Verlag, Zürich u. Düsseldorf 1997

Ingrid Riedel, »Frau Holle«
Kreuz Verlag, Zürich 1995

Ingrid Riedel, »Die weise Frau in Märchen und Mythen«,
dtv, München 1997

Ingrid Riedel, »Die vier Elemente im Traum«
dialog & praxis, dtv, Walter Verlag, München 1997

Antoine de Saint Exupérie, »Der kleine Prinz«,
Karl Rauch Verlag, Düsseldorf 1998

Fritz Riemann, »Grundformen der Angst«,
Reinhardt Verlag, München 1974

Hans Gerd Rötzer, »Märchen«
C. C. Buchner Verlag 1988

Oskar Ruf, »Die esoterische Bedeutung der Märchen«,
Knaur Verlag, München 1992

Walter Scherf, »Das Märchen-Lexikon«, 2 Bde.
C. H. Beck Verlag, München 1995

Fritz B. Simon, »Die Kunst, nicht zu lernen«,
Auer Verlag, Heidelberg 1997

Ortrud Stumpfe, »Die Symbolsprache der Märchen«,
Aschendorffsche Verlagsbuchhandlung, Münster 1992

Hildegunde Wöller, »Aschenputtel«
Kreuz Verlag, Zürich 1995

Lexikon der Symbole
Fourier Verlag, Wiesbaden 1980

Handbuch des Aberglaubens
3 Bde, Tosa Verlag, Wien 1996

Hehlmann, »Wörterbuch der Psychologie«
Kröner Verlag, Stuttgart 1965

»Kinder- und Hausmärchen«, gesammelt durch die Brüder
Grimm
Insel Taschenbuch 113, 3 Bde,
N. G. Elwert Verlag Marburg, 1979

»Tiere und Tiergestaltige«,
Erich Röth Verlag, Regensburg 1991

»Zauber Märchen«,
Eugen Diederichs Verlag, München 1998

Weitere Bücher von Alice Dassel

Märcheninterpretation zu

Die Bremer Stadtmusikanten

ISBN 3-8301-0093-0   96 Seiten. Paperback   SFr 16,90 EUR 9,20

In einer Zeit, in der es an Originalen und Leitfiguren mangelt, können Märchenhelden diesen Platz ausfüllen. Anhand der vier alten, erschöpften Tiere in dem Märchen „Die Bremer Stadtmusikanten" zeigt uns die Autorin, wie diese mit ihren schicksalhaften Herausforderungen fertig werden und einen Neubeginn wagen. Nachdem ihnen trotz jahrelanger Pflichterfüllung das Gnadenbrot vorenthalten wird, schließen sie sich zu einer Art >Selbsthilfegruppe< zusammen, um sich in der freien Hansestadt Bremen als Musikanten ihren Lebensunterhalt zu verdienen.

Aber wie so oft im Märchen – wie auch im wirklichen Leben – kommt alles anders als geplant. Bei der Eroberung eines Räuberhauses im Wald werden sie mit ihren eigenen dunklen Seiten konfrontiert. Ihr Überlebenswille und das Füllhorn ihrer Erfahrungen kompensiert ihre altersbedingten nachlassenden Kräfte, so dass sie nicht nur den Zugang zu einer neuen Heimstatt, sondern auch den Schlüssel zu einem selbstbestimmten, sinnerfüllten Leben finden.

Die verständliche Sprache und der klare Aufbau machen das Buch einer breiten Leserschaft zugänglich, es regt zum Nachdenken an.

Märcheninterpretationen
zu „Allerleirauh" und „Einäuglein, Zweiäuglein, Dreiäuglein"

ISBN 3-89501-962-3   152 Seiten Paperback   SFr 22,90 EUR 12,68

Anhand der beiden Märchen „Allerleihrauh" und „Einäuglein, Zweiäuglein, Dreiäuglein" (Grimm) zeigt die Autorin, wie sich Allerleirauh dem inzestuösen Begehren ihres Vaters durch Flucht entzieht und wie Zweiäuglein sich aus einer pervertierten Familiennorm befreit.

In einer Zeit, in der geeignete Leitfiguren, Vorbilder und Orientierungsmöglichkeiten selten geworden sind, muss jeder einzelne seine Persönlichkeitsbildung selbst in die Hand nehmen. Dabei können uns Märchenhelden behilflich sein, Erkenntnisse über das eigene Wesen, über Lebens- und Sinnzusammenhänge zu gewinnen.

Die Märchenfaszination aus der Kindheit führt uns direkt zu der Thematik oder Problematik, die uns anrührt und mit der wir uns deshalb auseinandersetzen sollten. Dort finden wir einen Schlüssel zu unserer Seele. Deshalb ist die Beschäftigung mit Märchen ein Schritt hin zu mehr Bewusstwerdung, zur besseren Akzeptanz unserer Stärken und Schwächen, d.h. zur Selbstannahme, und zu mehr Selbstverantwortung.

Dieses Buch will den Leser ermutigen, das eigene Wesen und die eigene Individualität zu entwickeln. Wer zu sich selbst findet, findet auch zu anderen.

www.maerchen-interpretationen.de